マンガでやさしくわかる アドラー式子育て

原田綾子 著
潮楼奈和 シナリオ制作
森越ハム 作画

日本能率協会マネジメントセンター

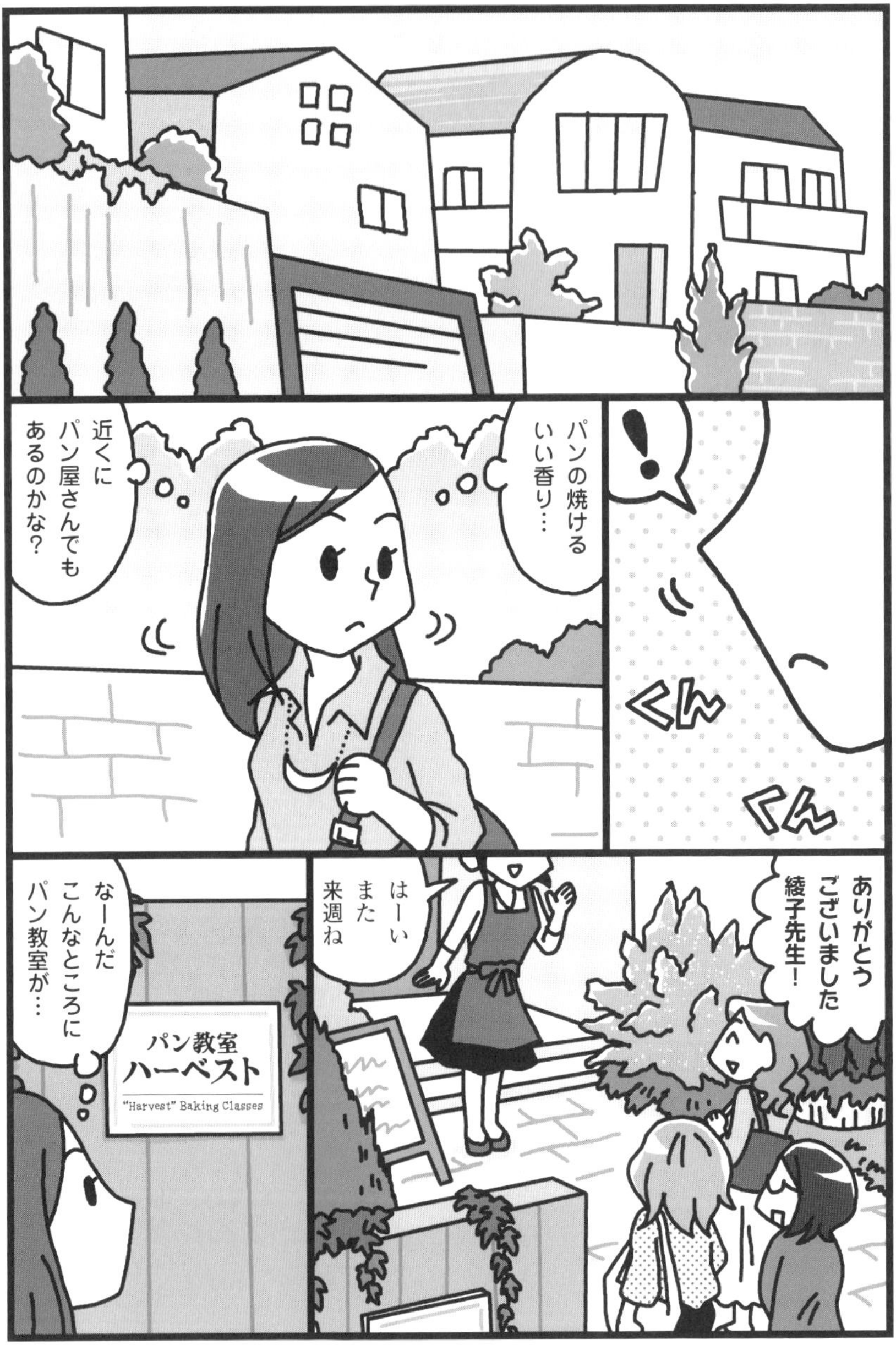

パンの焼ける
いい香り…
近くに
パン屋さんでも
あるのかな？
！
くん
くん
ありがとう
ございました
綾子先生！
はーい
また
来週ね
なーんだ
こんなところに
パン教室が…
パン教室
ハーベスト
"Harvest" Baking Classes

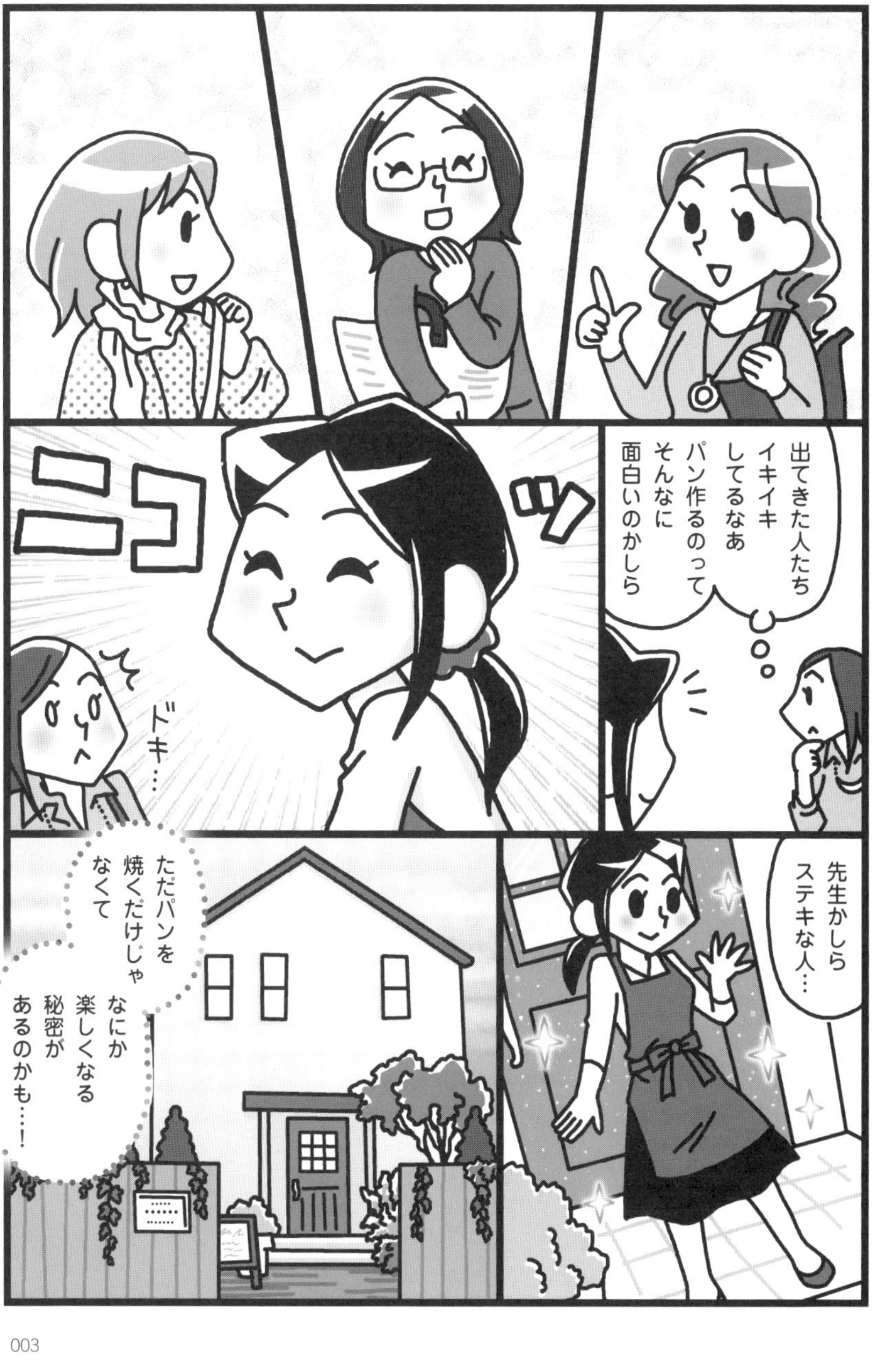
出てきた人たち
イキイキ
してるなあ
パン作るのって
そんなに
面白いのかしら
ニコッ
ドキ…
先生かしら
ステキな人…
ただパンを
焼くだけじゃ
なくて
なにか
楽しくなる
秘密が
あるのかも…!

はじめに

はじめまして。原田綾子です。数ある本の中からこの本を手にしてくださってありがとうございます。私は埼玉県公立小学校の教員を経て、今は勇気づけの親子教育専門家として、アドラー心理学や潜在意識の講座、講演活動をしています。

私自身も小中学生の娘を育てている子育て真っ最中のお母さん。子育て中のお母さんたちを応援したく、埼玉・東京を中心に、全国各地で活動しています。

この本には、教員時代や自身の子育て、たくさんのお母さんたちと出会ってわかったことの中から、子どもの自信とやる気を引き出す方法や、お母さんが心をラクに、より楽しく子育てできるヒントなどを書きました。

「子育てあるある！」をまとめた可愛らしいマンガと解説文を読みながら、お母さん自身が勇気づけられるように、心をこめて作った一冊です。

また、この本では、アドラー心理学を子育てに活かし、親子がより幸せに、よい関係を築きながらお互い成長できるヒントをまとめています。

簡単に説明すると、アドラー心理学とはウィーン生まれの医師、アルフレッド・アドラー（1870～1937年）が提唱し、後継者たちが発展させてきた心理学です。フロイト、ユングと並ぶ、心理学の三大巨匠と言われていますが、アドラーは、母親や教師たちにカウンセリングをするなど、教育に力を入れ、世界で最初に児童相談所をつくった人物でもあります。

アドラーは第一次世界大戦の時、軍医として傷ついた兵士たちを診ながら「二度と戦争が起こらないために、政治や制度など環境を変えるだけではなく、人間の心を変えなければならない」と考え、子育て、そして学校教育を改革することの重要性を説きました。子どもの頃から相互尊敬・相互信頼の関係――「よこの関係」を結び、圧力や暴力ではない民主的な方法で問題を解決することを学び、実践できたら、勇気づけのコミュニケーションで関われる子どもが育ったら、そうした子どもたちが創る未来は愛と勇気にあふれたものになる――アドラーはそのように考えたのです。

時代は流れ、現在までにさまざまな教育改革が行われてきました。しかし、教育界には、アドラーの理想とは真逆のものが未だに強く残っているように感じます。

今までの子育てはおもに「賞罰教育」でした。賞罰教育というのは、何かができたらほめられて（ごほうびをもらえて）、できなかったら罰せられる（怒られたり叱られたり批判されたり罰を受ける）教育です。

先生の言うことを素直に聴いて言いつけを守り、大人の期待にこたえ、それができたらほめられて、できなかったら怒られる。理想とする子ども像を求められ、そこからはみ出すと問題児とされ、みんなと足並みを揃え、仲良くしなければいけない。一方的な決まり事を課せられて、ルールから外れたら罰せられ、時間も管理される。基本的には努力・忍耐・根性を美徳とし、「何かができたら○、できないと×」と、条件付きで認められ、賞罰で支配される教育。

たくさんの親子と関わる中で、こうした賞罰教育が子どもの自信と本当の意味での（内からの）やる気を削いでいることに気づきました。何か特別なことができるとほめられてばかりいる子どもは、ほめられるための行動を多くします。ほめられない（承認されない）ことがわかると、それが適切な行動だとしてもそれをしなくなるのです。たとえば教室にゴミが落ちていても、承認欲求の強い子どもはほめてくれる人がいればゴミを拾うでしょうが、ほめてくれる人がいなければゴミを拾わないでしょう。小学校教員時代、子どもを「ほめる」ことには副作用があることに気づいたのです。「罰する」ことも同じで、罰する人がいればやるけれど、いなければやらないのです。

「何かが違う……」そう思っていた私は、教員を辞めて、今の活動を始めました。また、２０１７年、仲間たちと埼玉県にＮＰＯ法人勇気づけ学園幼児部・小学部を立ち上げました。まだまだ今は、小さな寺子屋的学園ですが、これから親子が生き生きと豊かに育ち合える園を目指して育てていきます。


今、日本では、自信のない子どもたちが増えていると言います。

また、それと同じように、自分に自信のないお母さんにも多く出会います。

子どもは親の鏡。大人の背を見て育ちます。

この本は、親が思う理想の子どもを育てるための方法を書いたものではなく、立派な勇気づけができるお母さんになるための方法を書いたものでもありません。親子がともに生きる大切な「仲間」として、お互いを信頼し、よい関係を築き、幸せに生きていくためのヒントを書きました。お母さんを応援するための原田流「アドラー」子育て本です。日々の子育ての参考になったら幸いです。

２０１７年　10月

原田　綾子

マンガでやさしくわかるアドラー式子育て　目次

Part 1

子どもの困った行動には「目的」がある

Part
2

親子は「たて」ではなく「よこ」の関係

Part 3

子どもの自立とチャレンジ力を育む

Part 4

きょうだい関係とそれぞれの性格

Part 5

「勇気づけ」をしよう

本書をお手にとってくださり
ありがとうございます。
お読みくださった皆さまに、
勇気づけが楽しく身につく
無料メールマガジンをお送りします。
よかったらアクセスしてみてください。

http://heartysmile.jp/bookbonus2017present/

Part1

子どもの困った行動には「目的」がある

[Story1]
困った行動の目的は？

宮藤家

純一(41)　勇太(8)　日菜(2)　深雪(38)

パン教室「ハーベスト」
…という流れで作ります
じゃあ計量していきましょうか
はーい
ガチャッ
すみません！遅くなりました！

テーマ1

行動の目的

こんにちは深雪さん☆ ちょうど今始まったところよ
セーフ！
空野 綾子
パン教室講師
ごめんなさいっ！子どもの準備で手間取っちゃって
宮藤 深雪(38)
フルタイム勤務

急いで追いつくから気にしないでくださいっ!
テキパキ
テキパキ
——これで生地はOKね じゃあ発酵を待つ間お茶にしましょう
ささっ
深雪さんは相変わらず手際がいいわね〜!
何やっても早いし上手だし
ええ まあ パン作りや仕事はね〜
でも勇太の…子どものこととなると全然ダメなの
朝の支度に手間取っちゃって
今日もバタバタで遅刻しちゃったし…
わかるわ〜〜〜
勇太くん3年生だっけ?
子どもって急いでる時ほどごねたりするしね〜
そうそうそう〜!
ね〜〜〜!

朝のママたちは忙しくて大変よね
綾子先生っ！
どうしたらちゃんと時間を守れる子に育てられますか!?
おっと
このままじゃ将来勇太が学校や会社で困るんじゃないかって心配で…
わーん
そんなに思いつめなくても大丈夫よう
よしよし
んー
勇太くんの〈行動の目的〉が何なのか考えたことってある？
行動の目的？
ほへ？

そう！
「うちの子はどうしてダラダラしちゃうの？」とか「なぜ何度言ってもダメなのかしら？」って【原因】を探しがちよね
原因
だって原因がわからないと改善のしようがないし…
そうね
でもそうやって原因を探していると「自分の今までの育て方が悪かった」と考えてみたり「小さい頃からもっとしっかりしつければよかった」って悪者探しをしてしまうの
過去は変えられないのにね
悪者探し…
私はね子どもが困った行動をとる時には「なぜ？」と原因を探すんじゃなくて「なんのために？」って目的を考えるの
勇太が困ったことをするのは勇太なりに目的があるってことですか？
そう☆

勇太くんの
目的がわかると
楽になるかな
目的
わ…私……
「早くして！」って
怒ってばっかりで…
子どもに
ちゃんとして
ほしくて
怒るのって
逆効果
なんですか？
んー
実は
そうなの
子どもは
「怒られることをすると
親は自分に注目する」
と学んでしまうの
困った行動
↓
注目される
子どもが
困った行動をとるのは
親の注目を得るため
なのよね〜
フフ…
えーーっ
そうなん
ですか!?
私いろいろ
やらかしてた
かも〜〜〜！
大丈夫よ
さあさあ
一次発酵の
様子を
見ましょ！
………
………

その日の夜
宮藤家
勇太？
ピコ
ピコ
ピコ
明日の準備は
できてるの？
まだー
ピコ
ピコ
ピコ
後で
やる～
ピコココココ～
むっっ
アドバイス 1
困った行動に
注目しない
ダメダメ
ここで
注目しちゃ…！
ス
そう！
じゃあママ
お風呂
洗ってくるから
日菜のこと
見ててね
パタン…
？

翌朝
ぐちゃ〜〜〜
もぉ〜〜〜っ！やっぱり全然できてない！
ここで怒らないで…本当に効果があるのかしら
国語のノートがなーい
えーっと算数と〜国語と〜…
もたもた
だら
だら
ダメだわ…見てたら手伝いたくなっちゃう
勇太！ママは先に出るからねっ
いってきまーす
えっ？
あれ〜もうママ行っちゃったのか？
てゆーか今朝はなんだか静かだったよーな…
………

ママ行っちゃった…いつもは準備手伝ってくれるのに
チラッ
ふーん
おーっと☆パパもそろそろ会社行く時間だ
くるっ
戸締まりしっかりな勇太
ガーン
うーん……
キコ
キコ
キコ
キコ
やっぱり遅刻してでも手伝うべきだったかしら
キコ
キコ
キコ
キコ
勇太ちゃんと学校行ったかな
支度ができないからって休んじゃったりしないいよね？
あああ無理～!!
口を出さないなんて無理だよ～!!
わーーん

1日中心配で
今日は仕事に
ならなかった…
ガチャ
勇太？
ただいまー
ぐちゃっっ
ピコ
ピコピコピコ
んも〜〜〜！
やっぱり
できてない！
ダメじゃん!!!
ただいま〜
どしたの？
見てよコレ
今朝
出掛ける前と
同じ状況…
ありゃ
ホントだ
勇太
今日ちゃんと
学校行ったか？
行ったよ
遅刻したけど
忘れ物も
してないし
ピコピコ
ピコココ
…あのねえ
学校行ったり
忘れ物しないなんて
そんなの
当たり前——
はっ…
当たり前の
行動に
注目すれば
いいのよ

アドバイス2
子どもの当たり前のような行動に注目
当たり前の行動ってもしかしてこういうこと?
できなかったことばかり見ていると「勇気くじき」になってしまうわ
大切なのはやってみようと思える「勇気づけ」なの
全部食べたよママ!
ちょっと〜ボロボロこぼしてるもっとキレイに食べなきゃダメでしょ
怒るばかりでできたことはスルーしていたかも
そういえば日菜が産まれてから
ねえママあのねこれ見て
ママ日菜にオッパイあげてるの
あとにして!
勇太のことはつい後回しにしてた…
………
ゆ…

勇太！
ママは先に出たのにひとりで学校行けたんだね！
ギュッ！
だ…
カー
だってもうオレ3年生だし？
ゼンゼンフツーだしー？
プイ
あれっうれしそう…
もっと「勇気づけ」すればよかったのね
国語のノートがもっと早く見つかったらたぶん遅刻もしなかったしー？

じゃあ今度はリビングを片付けようか!
ぞーっっ
なんで!?
リビングはみんなの場所でしょ?みんなが気持ちよく過ごせるほうがいいじゃない
オレは散らかってても別にいいもん
そうだよな～子どもがいる家なんて散らかってて当然だよな
あはは☆
イラッ…
わかったわ!
じゃあルールを決めてみない?
ルール?
パパどーちたのぅ
なんでもないヨー
みんなが過ごす場所で我慢してる人がいたらイヤじゃない?
<散らかったリビングは…>
気になる
気にならない
うーんそれはまあ…

テーマ2

すべての行動には相手役がいる

まだまだ時間通りには行動してくれなくて
深雪さん今日もギリギリだったもんね
だけどこね終わるのは一番なのね…
ハー
改善してきてるならいいんじゃない？
ボウルに入れてラップしましょう
でも遅刻のクセは早く直してほしくて…
テキパキ
まあすべての行動には〈相手役〉がいるからね
ハイじゃコレで50分待ちまーす
相手役？
家ではだらしない子が学校ではきちんとしてたりママが言っても聞かないのにパパの言うことは聞いたりする…なんてことない？
あるある
大人だってあるわよね～
旦那の前とお姑さんの前とかママ友の前と上司の前とか
私どれだけ相手によって人格違うの？って感じだも～ん
あはははは

ねえ 深雪さん どうして ここでは 悩みを 相談して くれるの？
それは…
綾子先生が私のことを 否定しないで どんな時も信頼して くれるからかな
否定されたら 自信が なくなっちゃうし…
その気持ち 勇太くんも 同じかも
大丈夫よ 子どもを 信頼することが 大切なの
勇太を信頼!? 遅刻するし 準備も遅いのに…
でも いいところも あるでしょう？
何より子どもが 毎日元気で いてくれるのって うれしくない？
できていることに 注目して 子どもに伝えてみたら どうかしら
なんでも いいのよ

「ごはん全部 残さないで 食べられたんだ！」
「静かに 待っててくれて ありがとうね」
日菜が お腹壊したら イヤだから
いつのまにか 思いやりのある子に なったなあ
当たり前のことを もっと伝える…
——とは言え 「子どもを信頼」 かあ……
おかえり ママ
ただいま… あれっ？
リビング 片付けたの？
床が見える！
だって 約束した から…
ルール破って ゲームしたって つまんないもん

思ってたより
ずっと成長
してるんだ…！
アドバイス③
子どもを
信頼する
よーし
勇太！
明日からママ
勇太のことは
勇太にお任せして
みようかと思って
えーっ!?
ほら　この前も
自分で準備して
行けたでしょ？
……
やってみる
けど……
きっとできる！
翌日
今日は
遅刻したけど
忘れ物は
しなかった
準備は
できたん
だね！
さらに
その翌日
今日は
遅刻して
忘れ物も
した
……
学校には
行けたん
だね！

トホホ……
ごはん作るね……
じゃあオレ明日の準備しよっと
え!!?
…遅刻すると友だちと話す時間がなくなってつまんないから
一番早く来てる奴にどうやってるのか聞いてみたんだ
そいつ朝はランドセル背負うだけにしてるんだって
準備は前の晩に済ませちゃえば楽勝だって言うからさ…
マネしてみる
じゃあ明日はママと一緒に出られるんだ
悪いけどオレのほうがママより早く出るよ
明日約束してるし！
子どもって信頼したら
それは守んなきゃだね！
それ以上に応えてくれるんだなあ
ちょっと寂しい気もするけどね☆
ママ？
準備できない…
ギューッ

01

子どもの困った行動には「目的」がある

困った行動の「原因」を突き止めようとしていませんか？

「子どもの困った行動を何とかしたい」、「ちゃんとしてほしい」、「ダメな行動をよくしたい」……このように考えるお母さんは多いでしょう。

「どうして言うことを聞かないのだろう」、「私の子育ての方法がまずいのではないか」などと悩むお母さんに、私はいつもこうお伝えします。

「子どもの困った行動には目的があるんですよ」

多くの方が、「えっ!?」と驚かれるようですが、アドラー心理学では、子どもが「なぜ」、「どうして」このようなことをするのかと「原因」を追及するのではなく、「何のためにそうするのか」という**「目的」**を考えます。

「原因」を考え始めると、「私の育て方が悪かったからではないか」、「小さい頃スキンシップが足りなかったのではないか」、「もしかしたら厳しく育てすぎたのではないか」などと、過去に目が向き、悪者探しになってしまいます。でも、時間は取り戻せないし、やり直すことはできませんよね（もちろん親の育て方が子どものすべてを決定するわけではありません。詳しくは166ページでご紹介します）。

でも、**今ここからできることがある**のです。

アドラー心理学はいつでも未来に向けて今からできることを考えて行動していく、「未来志向」の心理学です。

困った行動の目的は、親の注目を得ること

「なぜ」、「どうして」と原因を探すのではなく、**子どもは「何のために」この行動をするのか**と、行動の目的を考えるのが、この本でご提案したい「未来志向」の子育てです。

アドラー心理学では、**困った行動を続けるのは、勇気をくじかれた「居場所」を失っている子どもであるからだ**と考えます。

アドラーの弟子のドライカースは、子どもの困った行動には4つの段階があるとしています。その第1段階めの目的は「周りから関心（注目）を得るた

め」です（残りの3つの段階は49ページにまとめます）。

子どもが困った行動を続けるということは、そこには必ず子どもからの心のサイン（メッセージ）があります。子どもたちは一生懸命、親や教師にサインを送っているのです。

マンガでは朝のダラダラを例に挙げていますが、親を困らせる行動の多くは、「親の注目を得たい」という目的があってのもの。子どもはいつでも「私はここにいるよ〜！　私のこと見て！」と、自分の存在をアピールしているのです。

普通に過ごしていても特に注目を得られず、何か困った行動をした時だけ、怒られたり、叱られたりするのだとしたら、子どもはどう思うでしょうか。

「困った行動をしている時だけは、お母さんが自分をかまってくれる」と思い、その行動が続くのです。もちろん子どもだって怒られるのは嫌なのですが、心の奥底では、安心感を得ているのです。

「あぁ、お母さんは、ぼく（私）のこと見ていてくれているんだ」

マンガの勇太くんが困った行動を続けていたのも、お母さんの注目が得たかったのですね。普通にしていても注目されず、できないことばかりを感情的に注意されると、「ダラダラしている時だけはお母さんがぼくのことを見てくれる」ということを学んでしまうのでしたね。

勇太くんの行動にも、お母さんの注目を得たいという目的がありました。

子どもたちは、お母さんのことが大好き。

いつでも自分のことを見ていてほしいのです。

子どもは、親を困らせてやろうとして困った行動をしているわけではありません。**お母さんのことが大好きだから、自分の存在をアピールしているのです。**

「子どもの困った行動の背景には、『お母さん大好き♡』という気持ちがいっぱい詰まっているのかもしれない」なんて考えると、とても愛おしいですね。

これは、小さな子どもに限った話ではありません。

もう少し大きくなっても、「勉強をしないでいると、お母さんはいつもガミ

困った行動をする子どもの目的は、親の注目を得ること

ガミと怒る」、「たまに自分から宿題をしても、『そんなの当たり前でしょ？』とスルーされる」――ということが続いたらどうなるでしょうか。子どもは、普通にしていてもお母さんの注目を得られないけれど、お菓子を食べてTV観てダラダラと勉強をしないでいると、注目してもらえることを学びます。

そして、「お母さんに注目されたい。だから困ったことをし続けよう」と思っているのです（口答えしたり、反抗したりもするけれど、やっぱり自分を見ていてほしいのです）。

大人の私たちだって、誰かが自分のことを見ていてくれていることがわかると、安心感が持てませんか？　子どもたちも同じなのです。

02

子どものよいところに注目すると、困った行動が減っていく

当たり前の行動に目を向けよう

子どもの困った行動の目的は、親の注目を得ること。だとしたら、困った行動を怒っても、事態は悪化するだけです。子どもによくなってほしいと思うばかりに、ダメ出しや注意ばかりしてしまうのは逆効果。

もし、「最近子どもにガミガミ言ってばかりいたな……」と思う方は、これまでとは逆のことをすることをお勧めします。つまり、「困ったこと」ではなく、**「今、できていること」、「目立たない当たり前のようなこと」**に注目してみてください。

子どもは親の注目を得るために、困った行動をするのでした。ですから、逆に、**「できていること」、「当たり前のこと」に注目すると、子どもはよい行動を増やしていきます。**日頃から、当たり前のようなことにも注目し続けると、

「見てもらっている」、「認められている」と安心し、困った行動をして親の注目を得る必要がなくなっていくのです。

マンガでも、深雪ママは、あえて勇太くんの困った行動に注目せず、できていることやその他のことに注目し続けました。すると、少しずつ子どもがやる気を出していきます。つまり、勇太くんの心のコップに勇気のエネルギーが補充された、ということですね。

困った行動を続ける子どもの心のコップには勇気のガソリンがないのです。エネルギー切れしているので、そういう子どもにこそ、勇気づけが必要です。

「勇気」とは、困難を乗り越える力のこと。「勇気づけ」とは、困難を乗り越える力を与えることです。つまり**「勇気づけ」とは、子どもが「やってみよう！」と思えたり、自信を持てるようになったり、子どもの心に活力を与えることです。**

子どもがほしいのは親の注目、関心。深雪ママが気づいたように、**日頃から、子どもの当たり前のような適切な行動を見つけ、伝えていれば、わざわざ困った行動をして親の注目を引く必要がなくなるのです。**

（参考）深雪ママは最初、勇太くんの困った行動に口出ししないように、グッと我慢していましたが、全く何も言ってはいけないわけではありません。子どもが困った行動をしていたら、声をかけてもよいのです。「もうすぐ出発の時間だよ。準備は大丈夫かな？」などと、穏やかな声かけで促すことで、子どもが行動する場合も多いでしょう。

「困った子」は一人もいない！

子どもの行動を「適切な行動」と「不適切な行動」に分けて考えてみましょう。子どもの1日の行動を見てみると、95％以上は適切な行動をしていると言われています。不適切な行動は、もしあったとしても5％もないでしょう。

しかし、私たちはついつい欠けているほうに目が向くもの。できていないことや欠点に注目しがちです。

そもそも困った子なんていないのです。

「困った子」と思われている子は、ただ、今、勇気を失っているだけ。

「ぼく（私）はできるんだ」
「ぼく（私）は誰かに必要とされているんだ」
「ぼく（私）には問題を解決できる力があるんだ」
「ぼく（私）にはよいところがあるんだ」

そう思えるように子どもを勇気づけると、わざわざ困った行動をして注目を得ようとしなくてすむのです。

マンガの勇太くんも、お母さんが自分のよいところを認めてくれることで、適切な行動をしていることに喜びを感じるようになりました。これは、他者（お母さん）への貢献や協力をし

当たり前のことの勇気づけを続けた結果、勇太くんの行動にも好ましい変化が見られました。

た喜びです。

このように適切な行動に注目されて勇気づけられている子どもは、適切な行動を増やしていきます。

「いつでも応援しているよ」
「どんなキミも大好きだよ」
「いつでもキミの味方だよ」
「キミには能力がある（無限の可能性がある）」

そう感じられるように、日頃から当たり前のように思われる行動に注目し、勇気づけると、子どもは本来持っている力をぐんぐん伸ばしていきます。

ダメ出しは子どものダメな行動を増やす
ヨイ出しは子どもを伸ばす

03

行動には「相手役」がいる

不適切な行動を引き出す「相手」がいる

小学校の教員時代の経験談です。

隣のクラスがだんだんと荒れ始めました。授業中、先生の怒鳴り声とともに壁を蹴っている音が聞こえることもしばしば。特にクラスの一人の児童（Aくんとします）に手を焼き、クラス全体がまとまらなくなってしまったようです。

隣のクラスの先生は、だんだんと口数が少なくなり表情も乏しくなりました。温かい優しい人でしたが怒りっぽくなっていき、私ともあまり口をきかなくなりました（私よりずっと年上のベテランの先生です）。やがて、先生はだんだんと学校に来なくなりました。そして、とうとう病休。

次の担任が見つかるまで、空き時間には私も授業を担当するようになりました。先生の怒鳴り声と、子どもたちの騒ぐ声、壁を叩く音……。隣の教室で壁越しに聞いていたので、はじめて授業をする時は、「どんなにひどい状況なのだろう」とおそるおそる教室に入りました。

しかし、実際の教室の様子は、想像とは少し違っていました。確かに学級全体に落ち着きはないのですが、問題とされていたAくんは案外素直でした。授業中も一生懸命、挙手をして特に問題もありません。

子どもらしく、お尻がイスから離れるほど意欲的に手を挙げている姿からは、彼の心の声が聞こえてくるようでした。

「ぼくを見て！　ほら、ぼくだってがんばっているんだよ。見てほしい、認めてほしい……」

その翌日、私が自分のクラスの授業を終えて教室を出ようとすると、ドアにAくんが一人で立っていました。

「どうしたの？」と声をかけると、何も言わず恥ずかしそうにこちらを見ています。

「もしよかったら、私のクラスの子たちと一緒にドッジボールしない？」

そう誘うと、Aくんは嬉しそうに私の後をついてきました。校庭でドッジボールをしていた子どもたちに混じって楽しく遊ぶＡくん。目をキラキラと輝かせて、とても優しい笑顔でした。

その後、アドラー心理学に出会い、Ａくんが何のために担任の先生に反抗し、乱暴な行動を繰り返していたのかがわかりました。

反抗的な子どもなんて存在しない。反抗的な子どもの前には「反抗的な要素を引き出す大人＝強圧的な大人」がいる、それだけなのです。

アドラー心理学では、人と人との間に「性格」があると考えます（厳密にはアドラー心理学では「性格」とは言わないのですが、ここではわかりやすくするため、あえてこのように書きます）。

「先生の前ではおとなしいのに、家では親に反抗ばかりする」という子どももいます。これはつまり、その子の「要素（おとなしい、反抗的など）」は、その子と関わる人（先生、親など）の間に「ある」ということなのです。

私たちも、夫の前、子どもの前、友人の前、上司の前、親の前でそれぞれ違った面を見せますよね。

もし自分だったら、相手からどんな態度や関わりをされると、自信ややる気が出るでしょうか？

勇気づけは、相手の目で見て、耳で聴いて、心で感じることから始まります。「相手の立場だったら……」と考えてみると、素直に心開けるのは、どんな時も「よさ」に目を向けて自分を勇気づけてくれる人、また、自分を一人の人間として信頼・尊敬して接してくれる人ではないでしょうか。

子どもに寄り添い、勇気づけ、干渉しすぎず子どもを信頼し、相互尊敬&相互信頼の関係が築ければ、お互いハッピーでいられるのだと思います。

子どもを信頼することから始めよう

「うちの子には力がある」と信じられないと、どうなるでしょうか。

「私が言わないとできないいんじゃないか」と、不安になり、子どもに指示命令、ダメ出しや口出しを繰り返す――これは、よく見られる行動です。

上から目線で一方的に指示命令されている子どもは、自信とやる気を失い、指示命令する相手に対して尊敬・信頼の気持ちも失っていきます（それがやがて反抗へと変わっていきます）。

一方、**「うちの子には力がある」**と思えれば、安心して子どもを見守ることができます。今はできないことがあっても、無限の可能性があって、少しずつ開花していくと信じられれば、少しくらいうまくいかないことがあっても、**「この子は大丈夫だ」**と思えるでしょう。

子どもを信頼できる親は、**「いつでも味方だよ、応援しているよ」**と、子どもを見守る応援者として、**子どもに子ども自身のことを任せる**ことができます。すると、子どもは自分で考え行動できるので、何かを成し遂げた時、**「自分でできた」**という達成感を得られます。こうして、子どもは自分の力を伸ばしていくのです。

マンガでも、最初、深雪ママは、勇太くんの困った行動に、いつもダメ出しをしていました。しかし、アドバイスを受けてダメ出しを控えるようにするとともに、できているところに注目し、勇気づけるようにしました。すると、徐々に勇太くんの「できていること」や「できるようになったこと」に気づき、勇太くんを信頼する気持ちが大きくなっていきました。そして、深雪ママが安心して見守るようになると、勇太くんの行動は徐々に変わっていきました。

もし、子どもに何かやってもらいたいこと（やめてほしいこと）がある時

図01 子どもへの信頼が自信につながる！

「うちの子には力がある」と思えるか？
YES
NO
「できる」と思う
「できない」と思う
見守る・子どもに任せる
指示・命令が増える
自分でできる
達成感を得る
言われなければ
できない
自信がつく
自信がなくなる

信用……根拠があってはじめて信じる（基本的に信じていない）
信頼……無条件に（根拠なく）信じる

は、命令口調ではなくお願い口調で伝えることをオススメします。
「早く片付けなさい！」ではなく、**「早めに片付けてくれるかな」**、**「早めに片付けてもらえると助かるな」**。すると子どもたちは、「ぼく（私）は大切にされているな」と、親から信頼されていると感じることができます。そして、子どもも親を信頼するようになるでしょう。子どもを思い通りにするためのお願い口調ではありません。子どもに、「受けてもいいし、断ってもいいんだよ」と選択肢を与えることが大切です。そうすることで、子どもは「自分は尊敬されている、大切にされている」と感じるのです。

子どもは自分で考え、行動する力を持っています。その力を引き出せるかどうかは、親の関わり方次第なのです。

反抗的な子どもがいるのではなく子どもの反抗を引き出す大人の接し方がある！

COLUMN

子どもの困った行動には、4つの段階がある！

33ページでは、「子どもが困った行動をする目的は、親の注目を得るため」と紹介しました。子どもは、親の注目を得ることで自分の居場所があることを確かめているのでしたね。

なお、子どもの困った行動（不適切な行動）には次の４つの段階（目標）があります。子どもの困った行動に対して抱く感情により、段階がわかります（参考：『学級担任のためのアドラー心理学』、金沢信彦・岩井俊憲編、図書文化社）。

第１段階	子どもは周囲の「関心」を引くために困った行動を起こす **(例)いたずらなど目立つ行動** **親の気持ち……イライラする**
第2段階	子どもは「関心」が引けないと、親に「挑戦」してくる **(例)反抗、口答えなど** **親の気持ち……怒る**
第3段階	子どもは「挑戦」に破れると、「復讐」してくる **(例)親や他人への暴力・暴言、物を壊す、万引きなど** **親の気持ち……傷つく**
第4段階	子どもは「復讐」に疲れると、「無気力」になる **(例)不登校、引きこもりなど** **親の気持ち……あきらめる**

まず子どもは、特別な注目を引くことで自分の居場所があることを確かめようとします（第１段階）。たとえば、いたずらをしたり、目立つ行動をしたりすることです（いい子ちゃんアピールも含まれます）。子どもがこのような行動をすると、親は子どもを注意したり、叱ったりすることが増え、子どもとの関係が悪く

なっていきます。

　さらに子どもとの関係が悪化すると、子どもは親と権力闘争をするようになります（第２段階）。親に勝って居場所を確保しようとするのです。たとえば、反抗です。子どもが言うことを聞かなかったり、口答えしたりすると、親はますます怒ります。そして子どもとの関係はさらに悪化していくのです。

　権力闘争で親に勝てなかった子どもは、親に復讐することで居場所を確保しようとします（第３段階）。親に対して直接傷つける行動をとるだけでなく、他人を傷つけたり、物を壊したりすることで、間接的に親を傷つけることもあります。たとえば、親を困らせる行為として、万引きをして、学校や警察に親が呼ばれるなどです。

　親の力によってさらに抑え込まれると最終段階として、子どもは無気力・無能力を示すことで、居場所を確保しようとします。やることをやらない、他人と関わろうとせず、一人でいようとするほかに、不登校、引きこもりになる場合もあります。親は「もうだめかもしれない……」とあきらめの感情を抱きはじめます。


　第４段階までいってしまった子どもを立ち直らせるには時間もかかりますし、親も相当なエネルギーを必要とします（解決策はありますので安心してください。長い目で回復に向けて進んでいきましょう）。

　ここまで来る前に（初期の段階で）子どもとの関係を修復していくことが大切です。

　不適切な行動に対して（過度に）注目せず、適切な行動に注目し勇気づけることが大切だというのは、第１章でもご紹介しました。不適切な行動をする子どもこそ、勇気づけを必要としているのです。その子の存在を認め、たとえどんなに小さくても、できている点に目を向け、ほかの子どもと比べるのではなく、その子の小さな努力や成長に目を向けてください。

Part2

親子は「たて」ではなく「よこ」の関係

[Story2]
子どもを甘やかしていませんか？

テーマ1

親子は「たて」ではなく「よこ」の関係

ただいまー
ママ？
どーん
梨奈〜？
これは何!?
ちょっとー
勝手に部屋に
入らないでよ！
ぱっ
梨奈が全然
片付けないから
お掃除してたの！
宿題しないで
遊びに行っちゃ
ダメだって
言ってるよね？
帰ってから
やろうと
思ってたの
遊んだ後じゃ
疲れて頭に入って
こないでしょう？
親に向かって
なんなの
その言い方は！
ママが怒るのは
梨奈の将来が
心配だからよ？
それを——
ねえ
どうして約束
守れないの？
……だから
やるって
言ってんじゃん
しつこいなあ！
やめてよ！

私のためとか言ってるけどさあ！
子どもの成績が悪いと自分が恥ずかしいからイヤなんでしょ!?
なっ……なんてこと言うの…!!
その日の深夜
自分のことは棚に上げて親に口答えして
私もう梨奈をどうやって叱ればいいのかわかんなくて
ぐちぐちぐちぐち
あのさー
オレ今日残業して超疲れて帰ってきてようやくメシ食ってんだけど
えーだって…
あなたと話せる時間今しかないから…
子育ては君の仕事だろ？
メシぐらいリラックスして食わせてくれよ
…………

わかる〜!
うちの子も
宿題しろって
言えば言うほど
やらないの!
ムカつくのよ〜!
旦那さんも
疲れてるのは
わかるけど
ね〜〜〜
ふたりの
子ども
なんだから
ね〜〜〜
ほんと
参っちゃいます
よね
言ったって
やらないし
言わなくても
やらないし
どうしたら
いいのやら…
ニコ
ニコ
………
綾子先生は
こんなとき
どうしてたん
ですか?
えっ?
やっぱりもっと
厳しく怒らないと
ダメですよね?
それが母親の責任
なんだもの…
子どもをしっかり
育てなきゃ…
それが親のつとめ
ですよね!?
加奈子さん…ちょっと
落ち着きましょうか…

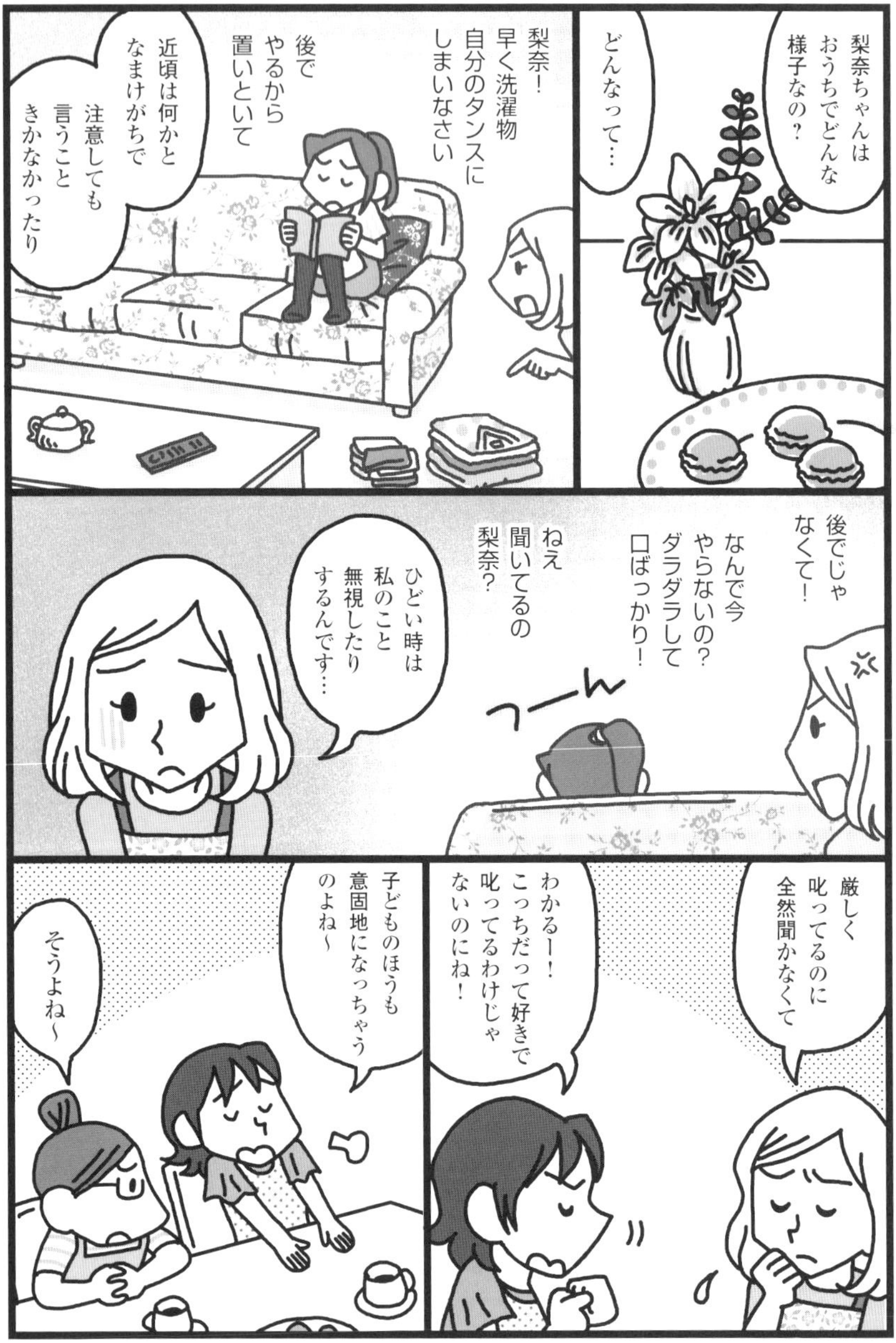
梨奈ちゃんはおうちでどんな様子なの？
どんなって…
梨奈！早く洗濯物自分のタンスにしまいなさい
後でやるから置いといて
近頃はなまけがちで注意しても言うこときかなかったり
後でじゃなくて！
なんで今やらないの？ダラダラして口ばっかり！
ねえ聞いてるの梨奈？
ひどい時は私のこと無視したりするんです…
フーん
厳しく叱ってるのに全然聞かなくて
わかるー！こっちだって好きで叱ってるわけじゃないのにね！
子どものほうも意固地になっちゃうのよね〜
そうよね〜

むん
むん
むん
難しい年頃に入っちゃったのかしら…
は――…
ああいい匂い～
そろそろ焼き上がりの時間ね
じゃーん！
ホカ
ホカ
ホカ
うまく焼けてるかしら？
今日のパンはちょっぴり難しかったから…
きゃ～！大成功だわ！
Coupe
クープ（切れ目）もきれいに開いてる！
おいしそう♡
心配しなくてもちゃんと焼けたでしょ♪
ハード系パンがこんなにうまくできたの初めてです！
綾子先生の教え方がよかったから♡

教え方…

加奈子さんは私の教え方のどこがいいと思ってくれてるの？

え？

綾子先生はやさしくて説明も上手だし私たちがちゃんと理解したかどうかも気にしてくれるし…

じゃあ もし私の教え方がこんなふうだったらどう思う？

そんな量り方じゃこぼれちゃうでしょ！貸して！

やけどしちゃうわ！加奈子さんは離れてて！

違う違う全然ダメ！

これはこうやるの！見ててね!?

ええ〜〜っ？

これじゃあやってもらってばかりだから作り方が身につかないと思います
あとこんなに否定ばっかりされてたら
パン作りがイヤになってきちゃうかも…

はっ

梨奈が部屋片付けないからよ
ダメだって言ってるでしょう？
ダラダラして口ばっかり！
なんで約束守れないの？
否定されながらやる気を出すのって難しいわよね
子どもたちだって一緒じゃないかな
…………
親子って一見上下関係…つまり「たて」の関係に見えるけど
本当は「よこ」の関係なのよね
◎よこ
×たて
えー
親と子が「たて」じゃなくて「よこ」の関係？
いわゆる「友だち親子」のことかしら
たまにいるわね娘さんとものすご〜く仲いい人
無理です〜!!私は梨奈と友だちみたいな関係なんて！
「よこ」の親子関係は友だち親子とは違うものよ
なあなあな友だち親子はちょっとねー

私はここではパン作りを教えてるけどみなさんと私が「たて」の関係だとは思ってないの
先生と生徒なのに？
だって生徒さんたちから教えてもらうこともたくさんあるもの
お仕事の話とか子育てや家事のこと人付き合いのこと…
一人ひとりに尊敬できるところいっぱいあるからね♪
でも私なんて子どももちゃんと躾けられないのに…
そんなことないわ！子どものために全力でがんばってるステキなママよ！
私は加奈子さんのこと心から尊敬してる！
…………綾子先生…
年齢や役割が違っても命の価値は同じお互いを認めて尊敬し合うそれが「よこ」の関係よ
親子だって否定し合ってばっかりじゃギスギスしちゃう
ねっ！

…どうして綾子先生は子どもの気持ちがそんなにわかるんですか？
うふふっ
子どもの頃「宿題しなさい！」って親に言われて「今やろうと思ってたのに〜！」ってやる気なくしたことなかった？
親
ありますー！何回も！
伝統的な親子あるあるですよね〜
先回りして怒られてばかりだと「自分はできる」っていう気持ちをくじかれちゃうし
「自分は親に信頼されてない」って思っちゃうのよね
自分を信頼してくれない人の話を聞くのなんてイヤじゃない？
だけど子どもを信頼するって難しいです
やれって言ったことはなかなかやらないし約束だってちゃんと守れないのに

子どもには
できないことも
多いわよね
大人より経験が
少ないから
でも子どもって
すごいと
思わない？
毎日少しずつ
ちゃんと
成長してる
歩けなかったのに
走れるように
なったり
自分で友だちを
作れるように
なったり
ケンカしても
自分から
仲直りできる
ようになったり
がんばってると
思わない？

……
でもそれは
赤ちゃんじゃ
なくなったん
だから
当たり前で…
じゃあ
加奈子さん
ひょい
今日のパン――
このクッペは
初心者の頃でも
上手に作れてたと
思う？
えーっ
それは絶対
失敗して
ましたよ！
ハード系のパンは
本当に難しくて
少しずつ
スキルアップして
今日
初めて成功したん
ですから
何かができる
ようになったら
いつの間にか
それが普通に
なっちゃうのよね
できなかったことが
できて当たり前に
なっちゃうのって
じつはすごいことよ
そこには
本人の努力が
あったはずだもの
それをスルーされて
ダメなところばかり
指摘されたら
誰だってイヤよね

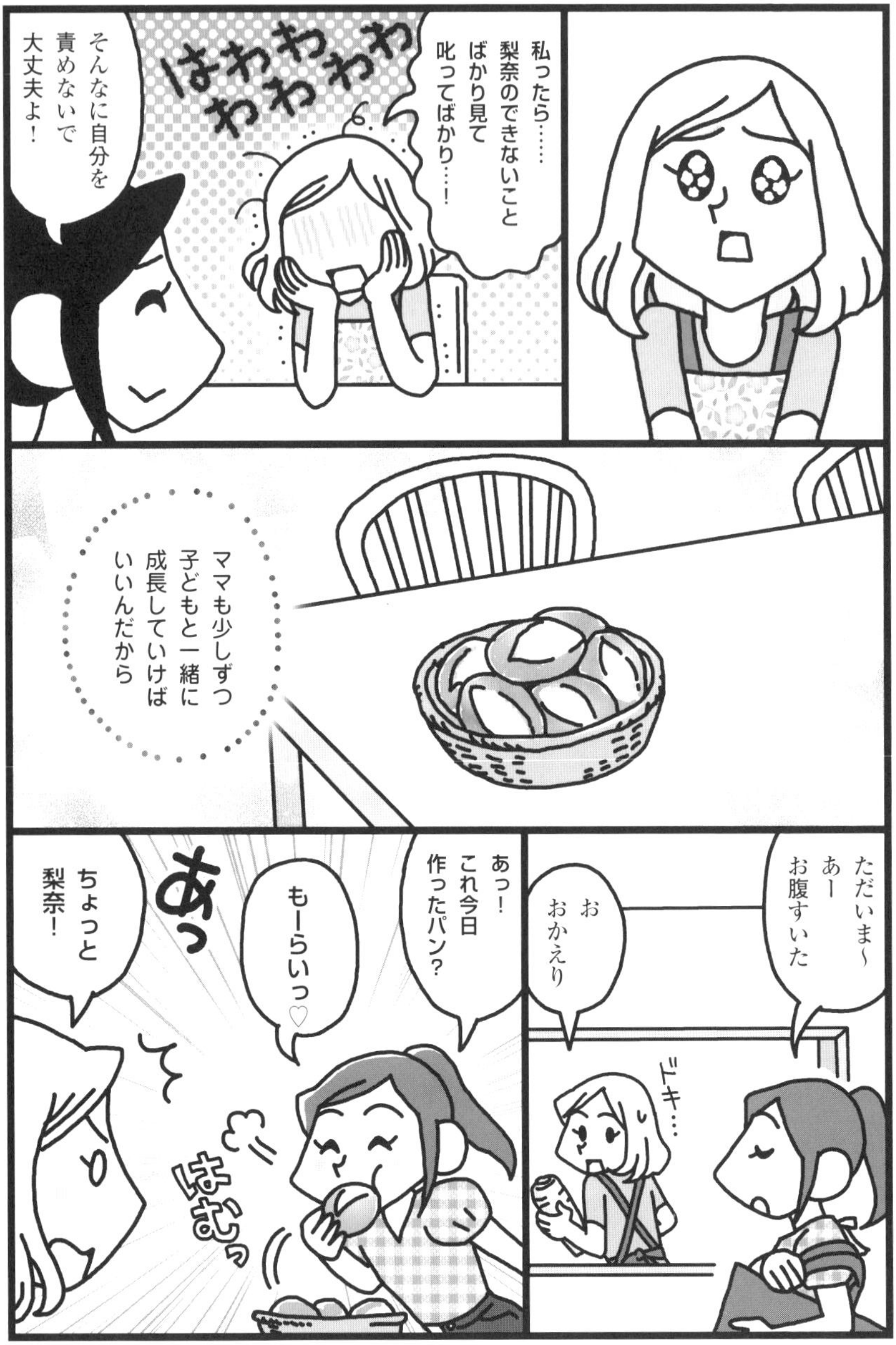

私ったら……梨奈のできないことばかり見て叱ってばかり…！
はわわわわわわわ
そんなに自分を責めないで大丈夫よ！
ママも少しずつ子どもと一緒に成長していけばいいんだから
ただいま～あーお腹すいた
おおかえり
ドキ…
あっ！これ今日作ったパン？
もーらいっ♡
はむっ
あっ
ちょっと梨奈！

いっこくらい
いいじゃん
ムグ ムグ ムグ
ん～～～～！
おいひい!!
しかも
上手だし！
私はママの子で
ラッキーだな♡
ママって
器用だよね～
「パンやケーキは
ママが作ってる」
って言うと
みんなビックリ
するんだよ！
…………
そんなふうに
思ってくれて
たんだ…
明日の朝は
バタジャムで
食べよーっと
梨奈は私の
「当たり前」のことに
ちゃんと気づいて
くれてるんだ…！

ジーー
な
なあに？
ママ　今日は
宿題やったか
聞かないなーと
思って
なぜ？
ああ…
梨奈も
わかってるんでしょ？
今まで
散々言ったから…
ニコッ
もう
宿題のこと
言うのは
やめるね！
えーっ!?
せっかく今日は
「もう
やりましたー☆」
って言おうと
思ってたのに～！
ちぇーっ
えっ…？
実はねー
遊びに行くとき
宿題も
持って行ったんだ
じゃじゃーん

みんなで遊ぶ前に済ませたんだ——あっ言っとくけどズルはしてないよ！
うんうん！
そんな方法よく思いついたね
でしょ〜？これで宿題も遊びもカンペキ♪
子どもってすごいと思わない？
毎日少しずつちゃんと成長してる
ふふっ
ほんと…子どもってすごいね！綾子先生
ちゃんと自分で考えて行動できるようになっていくんだなあ
何〜？
何でもないよ♡プリント見ていい？
ついつい悪いところばかり目がいっちゃうけど…
これからはもっと「よこ」の関係で見守っていけるように私も成長していこう☆
100点でしょ！
どーかなー？

01

親子は「たて」ではなく「よこ」の関係

上から目線で指示・命令をしていませんか？

親って子どもより長く生きていて、経験があるものだから、「ああしなさい、こうしなさい」と、つい子どもの上に立って、指示命令しがちですよね。

アドラー心理学では親子はいつも**「よこの関係」**と考えます。

生きている年月や経験は親のほうが多いけれど、人間としての存在価値、尊厳は親も子も変わりはありません。親のほうが偉いとか、優れているというわけではありませんし、力で支配もしません。

とは言っても、「なぁなぁ」な友だち親子とは違います。礼節を持って、子どもを一人の人間として大切に接するのです。

マンガでもあったように、子どもの課題（子どもがやるべきこと）に親が土足でずかずかと入って指示命令をするのは適切ではありません。詳しくは第3

章でご紹介しますが、アドラー心理学では、上から目線で指示命令するのではなく、子どもに提案するかたちで伝えます。子どもは親が提案したことを、やってもいいいし、やらなくてもいいのです。

時には、子どもが反論することもあるでしょう。そんな時は、子どもの意見を頭ごなしに否定したり、指示命令したりするのではなく、「あなたはそう考えているのね」と子どもの思いを受け止めてみましょう。

マンガの加奈子ママのように、娘の意見を聞くことなく、親のやり方を強要するのは、子どもを大切にしていることにはなりません。これは「たての関係」です。

子どもを甘やかしていませんか？

勘違いしてしまう方も多いのですが、「よこの関

加奈子ママの行動も「たての関係」が生み出した甘やかしでした。

係」は、子どもの言いなりになることではありません。「尊敬」と「甘やかし」は両立しないのです。

子どもに解決する能力があるのに、子どもの課題を親が解決してしまうのは**「甘やかし」**です。たとえば、子どもが忘れ物をしないようにと、毎日ランドセルの中身を用意するのは、甘やかしです。子どもを尊敬することなく、親が上に立って、子どものことを下に見ている（できない存在として見ている）からこそ甘やかしてしまうのです。あれこれと、子どものことに手を出してしまうことで、子どもが自立に向けて学ぶ機会を奪ってしまうのです。

「よこの関係」「子どもを尊敬する」ってどういうことなのか、まだピンとこない方もいるかもしれません。次のページから、詳しく見ていきましょう。

指示命令は子どもの自立を奪う甘やかし！

02 子どもを尊敬するってどういうこと？

「たて」の関係が子育てのイライラを生み出す

このようなことはありませんか？

・子どもが言うことをきかないとイライラして怒ってしまう
・子どもに任せておけず、心配ばかりしてしまう
・子どもについ手を出したくなってしまう
・子どもが失敗しないように先回りしてしまう
・子どもについ答えを教えてしまう

多くの方が共感することかもしれませんが、じつはこうした気持ちの背景には、**「親の私のほうが優れていて、子どもは私より劣っている」**という思いが隠されています。つまり、親が上にいて子どもが下にいる「たての関係」にあるのです。

親だから子どもより偉いとか、親の言うことは絶対で子どもは従わなければならないという思いが、先ほど挙げたようなイライラを生み出しているのです。

子どもは人生をともに生きる仲間

でも、親も子どもを育てながら、子どもに育てられ、少しずつ成長していくもの。だから、「子育ては自分育て」と言われるのですね。

子どもは親を育ててくれる大切な存在。子どもを、一緒に人生を歩んでいく仲間、協力者として尊敬する姿勢はとても大切だと思うのです。

一般的に「尊敬」というと、「目上の人を敬う」イメージがあるかもしれません。でも、ここで言う「尊敬」とは、**子どもを一人の人間として尊重し、礼節を持って関わるということ**です。

たとえば、あなたが大好きで尊敬している友人を思い浮かべてみてください。

その人に突然「○○しなさい！」とか「どうして○○しないの！」、「ちゃんとやりなさいと言ったでしょ」、「そのやり方は違う！」などとは言いませんよね？

でも、わが子のこととなると、どうしても感情的になってしまいますよね。子どもによくなってほしいと願うばかりに、ダメ出しをしたり、怒ってしまったり……。

でも、誤解しないでください。怒ったり、ダメ出しをしたりしてはいけない、ということではないのです。そうしてしまった時も、自分を責めないでくださいね。

子育てに「○」も「×」もありません。「いい」も「悪い」もないのです。

あるとすれば、子どもと仲良く暮らしていくのに（または自分の気持ちとして）「便利」か「不便」か、です。

不便だと気づいたら、少しずつ変えていけば大丈夫！

次のページに、「たての関係」と「よこの関係」の特徴をまとめました。「たての関係よりも、よこの関係のほうが、便利そうだな」と思いませんか？

怒ってもいいけれど、そればかりになると気分も悪いし、お互いの関係性も悪くなってしまうので、不便ですよね。不便だと気づいたら、少しずつ便利な方法に変えていけばよいのです。

とは言え、いきなりすべてを変えるのは難しいかもしれません。ついつい、「たての関係」に戻ってしまうこともあるでしょう。そんな時は、このように自分を勇気づけてみてください。

「そんなことがあってもいい。親だからつい言ってしまうこともある」

子どもは人生をともに生きていく仲間であり、人としての存在価値は自分と同じということを忘れなければ、大丈夫。子育てはきっとうまくいきます。

子どもは、人生をともに歩んでいく大切な仲間

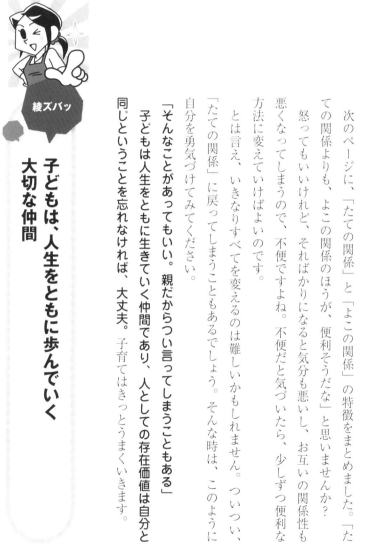

図02「たての関係」と「よこの関係」

たての関係	よこの関係

たての関係	よこの関係
主従関係（賞罰で支配）	**対等な関係（役割は違えど存在価値は同じ）**

特徴（主にデメリット）

- 子どもの力が伸びない
- 自信が持てない
- 上下関係が、「指示待ち」や「反抗」を生みやすい
- 親が忙しくなる（いちいち指示をしなければならない）
- 外発的動機づけ（外からの刺激により、その場限りの満足感・意欲しか得られない）

特徴（主にメリット）

- 子どもの力が伸びる
- 自信が持てる
- 相互尊敬、相互信頼により、よい人間関係が築ける
- 内発的動機づけ（内からあふれる満足感・意欲によって、次のステージへと成長していく）

03

子どもを信頼しよう

「信頼」が「子どもの自信」につながる

私は、2013年から毎年、アドラー心理学を元にした八ヶ岳親子塾を行っています。全国から集まった子どもたちとその保護者の方で過ごす2泊3日の合宿では、子どもたちが、ほぼすべての食事を自分たちでつくり、合宿中のルールや遊びの活動も、子どもたちが話し合って決めています。うまくいかない時も、自分たちで話し合って解決します。スタッフと親は、子どもたちを信じ、見守り、勇気づけるだけ。指示命令はしませんし、怒ったりほめたりもしません。賞罰で支配することもありません。

「そんなことをして大丈夫なの？」と不安に思う方もいるかもしれませんが、大人が「こうしなさい！」と言わなくても、子どもたちは自分たちの力で課題解決できるものです。年上の子は、下の子の面倒をみるようになり、自然と会話が生まれ、理解しようとします。

参加された保護者の方からは、その後のお子さんの変化として、**「自分で考え、行動し、その結果を受け入れることができるようになった」、「うまくいかなくても、次はどうしたらよいかを考え、いろんなことにチャレンジできるようになった」、「自分の力を信頼し、挑戦するようになった」**などのご報告をいただいています（余談ですが、このような活動をするNPO法人勇気づけ学園を埼玉県につくりました。２０１７年から幼児部・小学部ともに活動中です）。

親が子どもに与えられる最高の贈り物は、「自分には能力があり、人の役に立つ」という〝自信〟ではないでしょうか。

「私には能力があり、人の役に立っている」

そう思えることは、学ぶ意欲のベースにもなるものです。

本来子どもは好奇心にあふれ、学びたがっています。でも、自分の関心とは関係なく学ばされると（強制されると）、子どもは意欲を失っていきます。

一方、子どもが持つ「自分で自分を教育していく力」を信じて、子どもが自分から進んで学びたがる環境を用意し、見守りながら、その子の発達段階に合わせてサポートすることができれば、その子の無限の可能性が引き出されるのです。そして、学ぶ過程で積み重ねた試行錯誤の経験は、その子の一生の「生き方」の土台になります。

子どもの力を信じよう

もちろん、勉強ができるのは大事なこと。

でも、いくら勉強ができても、自分のことが好きではなく、自信もなく、他者とうまく関われず、身の回りの課題を解決する力もない――そういう子は、将来幸せに生きるのが難しくなってしまうでしょう。

子どもが自分のことを好きで（ありのままの自分を受け入れ）、自分や他者を信頼し、幸せに生きられるように信じて見守り、勇気づけながらサポートしていくのが私たち大人の役目ではないでしょうか。

無限の可能性があるのは、お母さんたちも同じ。まずは自分自身を信頼してみませんか？

勇気づけは子どもを尊敬・信頼することから始まる!

子どもたちが持つ力は、大人が想像する以上です。

レッテルや制限を外し、子どもを見る。

子どもを信頼して任せる。

子どもが力を貸してほしいと言ってきたら一緒に考える。

失敗をとがめず、子どもの気持ちに寄り添い、いつも、どんな時も、子どもを勇気づける(時に、突き放すことも勇気づけです)。


根底にあるのは、**子どもたちへの尊敬・信頼**です。親が子どもたちを尊敬・信頼しているからこそ、子どもたちは安心して成長していけるのです。

04

アドラー式　子どもの力の伸ばし方

「しつけ」のヒント

親ならば、みんなが悩む子どもの「しつけ」。ここでは、子どもへの信頼・尊敬をベースにした、教え込まず、勇気づけながら行う方法をご提案します。

食事の時、左手を出さずに食べている子がいたとしたらどうしますか？「左手は？　何回言ったらわかるの！　ダメでしょ！」と怒って教えることもあるかもしれませんが、私はその方法はお勧めしません。

そうではなく、このように伝えます。

「ご飯中左手を出して食べるのがマナーなんだよ。きれいな姿勢で美味しく食べようね」

このように、子どもが**「やってみよう」と思えるような言い方**で伝えます。ガミガミ言われてばかりだと、子どもは嫌な気持ちになりますし、言っているほうも疲れますしね。

さらにここで、お母さんも一緒によい姿勢で食べるとさらに効果的。「人に会ったら挨拶をしなさい！」と言うよりも、お母さんが率先して気持ちよく挨拶をしている姿を見せてあげましょう。そして、「挨拶するってとても大事なことなの。相手の人への思いやりでもあるのよ」と伝えます。

ポイントは、**「何のためにそうするのか」を説明すること。怒りながら、ガミガミ教えるのではなく、楽しい雰囲気で「こういう時はこうするんだよ」と伝え、子どもが学ぶ姿を（よこの関係で）応援することが**

図03「しつけ」のコツ

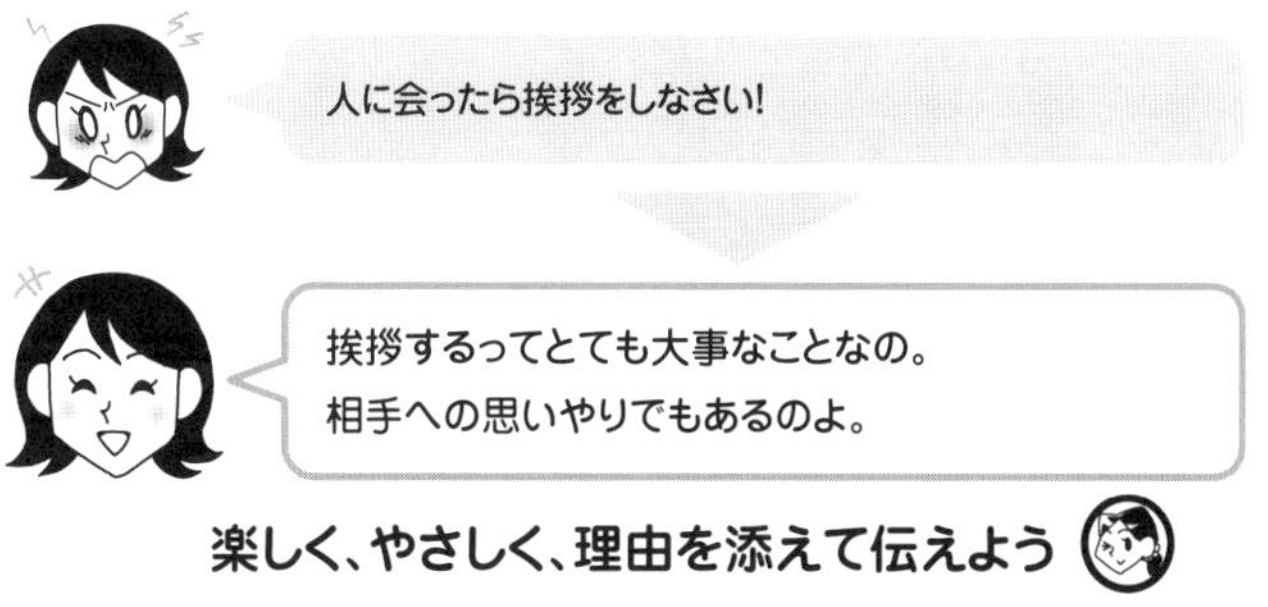
人に会ったら挨拶をしなさい!
挨拶するってとても大事なことなの。
相手への思いやりでもあるのよ。
楽しく、やさしく、理由を添えて伝えよう

大切だと思うのです。

子どもが挨拶をしていたら「自分から挨拶できたね」とか「笑顔で言えたね」などと勇気づけ。たとえ小さな声でしか言えなくても、「挨拶できたね。今度はもう少しだけ大きな声を出すと相手にもっと聞こえていいかも」と、できることを見て関わるとよいでしょう。

「子どもの成長」に目を向けよう

マンガでは、加奈子ママが、娘の成長に気づいたシーンがありました。家事に仕事に子育てに忙しい!!毎日。子どもの成長を意識して、「ジ〜〜ン」と感動する余裕もなかなかありませんよね。

だからこそ、時々立ち止まって、子どもの成長に目を向けてみてください。前はできなかったのにできるようになったこと、小さな進歩や成長を見ようとすると、結構見えてくるものです。

赤ちゃんの頃は、立っただけで「すごい！」と感動し、笑っただけで「笑った！」と喜んでいましたね。それが、成長するにつれて「できて当たり前」となり、できても、「もっともっと……」と欲が出てしまったりしますよね。わが子に期待してしまうというか、親ならそう思ってしまうのも当然だと思います。でも、時々意識してみましょう。**「ないもの探し」より「あるもの探し」**。そして、それを言葉に出して伝えてあげましょう。

その積み重ねが、子どもの力を伸ばしていくのです。

「よこの関係」が子どもの生きる力を育てる

この章でずっとお伝えしてきた「よこの関係」で関わるということは、子どもを一人の人間として信頼・尊敬して関わる、ということです。

子どもには無限の力、可能性があって、たとえ今はできていないことがあっても、「いつかきっとできる時がくる」と信頼したり、できていないことよりできていることに目を向け、子どもを勇気づける姿勢です。

忙しい毎日の中、少しでもいいので子どもの成長に目を向けてみませんか？

「たての関係」は子どもを依存させ「よこの関係」は子どもを自立させる

子どもの力を信頼できず指示命令ばかりして干渉する「たての関係」でいると、子どもが自分で学ぶ機会を奪ってしまいます。指示待ち人間になってしまったり、「自分でできた」という達成感も得られず、自信を失っていきます。

子どもの力を信頼している親は、子どもを待つことができます。

子どもが試行錯誤しながらも何かに挑戦している時、見守ることができます。子どもが援助を求めてきたら手伝ってもよいし、手伝わなくてもいい。子どもにたくさんの経験、体験をさせることで子どもは自分で考え、判断し、行動する、という「生きる力」を育てていきます。

それが幸せに生きるための「知恵」となり、子どもを賢くしていくのです。

Part3

子どもの自立とチャレンジ力を育む

[Story3]
子どもの課題、親の課題

テーマ1

親が○○することで、子どもは何を学ぶか？

前から何回も言ってたでしょ！なんで早めに準備しないの？
だって〜〜〜
ママも忙しいのよ！買い物だって言われてすぐには行けないし時間もかかるんだからね!?
…わかってるけどさ〜
もそもそ
航太が自分でやらなきゃいけないんでしょ？ずーっとママ待ってるのにまったく——
ブツ
ブツ
あ〜〜もうっっ
しつこいな〜！やらないとは言ってねーし！
ごちそーさま！
バタン!!
んも〜〜〜!!
なんでいつもギリギリまでやらないのかしら？

あら？
恭子さん？こんにちは ずいぶん早いけど どうしたの？
こ こんにちは 綾子先生
実は綾子先生に相談があって…
あら！
なあに～？パンのことなら遠慮なく聞いて♪
ごめんなさいっ！パンじゃなくて子どものことなんです～!!
落ち着いた？
すみません レッスン前のお忙しい時間に…

私でよければ話を聞くわ
おもたせですけど
わーおいしそう
綾子先生…
じつはもうじき航太の修学旅行なんですけど何回言っても準備を始めなくて困ってるんです
準備って修学旅行の？
そうです旅行の準備は本人がしなきゃいけなくて
「親は荷物の最終チェックだけするように」って学校から言われてまして
ふむ
林間学校とかはどうしてたの？
今まではギリギリになって結局私が準備してました
手ぶらで行かせるわけにはいきませんからねえ…
なるほどね

旅行の準備は〈航太くんの課題〉なのよねぇ
課題？
旅行の準備をやらないことで結局困るのは航太くんでしょう？
そうですよ
私も航太に「後で自分が困るのよ！」って怒ってますし
早めに修学旅行の準備をしないと…
当日の朝あわてて準備…
忘れ物するかも…
遅刻するかも…
親や先生に怒られる…
旅行の準備をするにしてもしないにしても
うまくいこうが失敗しようが
ワンセットだからね
結末
課題
最終的に課題の結末を引き受けるのは航太くん本人
だから旅行の準備は航太くんの課題で――
親である私の課題ではない…？
そうね
今まで航太くんは自分で準備しなくても困らなかったのよね？最終的にはママが全部やってくれてたわけだから
ああっ…
恥ずかしながらその通りです～

つまり
航太くんは
こういう学習を
してきたことに
なるの
ダラダラしていて
怒られても
結局 親が
いつもやってくれる
ええ~~~~~!?
ガーン
親が
子どもの課題を
肩代わり
することは
子どもの学ぶ機会を
親が奪ってしまうって
ことなのよ!
子どもが課題を
やることによって
得られるはずだった
経験を
奪っちゃうのよ
………
でも私…
子どもが
失敗するところを
ただ黙って
見てるだけなんて
できません…
しなくてもいい
失敗なら
させたくないと
思いますし…

ん〜
恭子さんはバターロールのできばえに満足してなかったわね
え？　ああ！先月のレッスンの…
そうですね思ってたよりも食感が悪くなっちゃって
少し硬めだったのよね〜
うーん
マズくはないけど…
でも！
おそらく原因は生地のこねすぎだと教わったので…
もう1回家で作ったら理想通りにできました！
ねっ♡
人ってトライ&エラーを繰り返して成長していくのよね
←成功　失敗→
もちろん子どもに失敗をさせたくないって思う気持ちもわかるわ
手を出さないでいるのはすごく勇気がいることだけど
まずは航太くんが自分で自分の課題をやり遂げられるって信じて
航太くんが助けを求めてきたらサポートすればいいんじゃないかな

わかりました！
航太のこと しばらく 見守って みます…!!
ごく…
パチパチパチパチ
うん！
今日の教室の準備は 手を出してもらって 全然かまわないから☆
うふ
あっ ごめんなさい！ そろそろ時間 ですよね！
もちろん 手伝いますっ!!
その夜の 坂口家
だらーーーん
マンガ 一気読み してる…
ただいま～
航太くーん 修学旅行の準備 進んでる～？
信じて 見守る
そう…
早めに準備 できるといいね
ん～～～ あんまり～？
イラッ…

よしっ！がんばったわ私！
?
その後も……
ドカーン
ぐわっっ
しまった
テレビニュースにして
え～
じゃあパパのスマホかしてー
ピコ
ピコ
ピコ
ピコ
ピコ
ピコ
ピコ
ピコ
ピコ
ピコ
ピコ
永遠!?
どよ～ん
がんばって見守り続けたけど…
全っっ然準備してるように見えない…
一気読み2周め…
さすがにもう限界……
ねえ航太修学旅行の――
あママあのさー

これ 修学旅行の持ち物リスト うちにないものは買ってきてください
よ……
よかった〜! またママが全部調べて全部用意するパターンかと思ってた〜!!
うれし〜〜
実はぼくもたぶんママがやってくれるパターンだと思ってたんだけど〜
昨日学校で…
なーなー航太 旅行の準備進んでる?
オレ兄ちゃんのスポーツバッグ借りるんだ〜
私はねー超かわいいパジャマ買ったよ♡
うちは親が用意するからよくわかんない
はあ? おまえそれマジか!?
な なんだよ… 旅行の準備なんてかったるくてやってらんねーじゃん

えー！？
旅行の準備って楽しいのに
修学旅行あんまり楽しみにしてないんだね～
航太は準備のワクワク感がわかんないんだな～
ヤレヤレ
――なんて言われてさちょっとカチンときたっていうか…
そそっかー
そうだよね！航太だってすごく楽しみにしてるんだもんね！
………
こく
準備なんて面倒くさいと思ってたけど確かにやり始めるとテンション上がるし
直前になってなんか足りなくて焦ったりとかもしなくて済むし
こんなことならもっと早めに始めとけばよかったかも
ふふっそうね
買い物は明日行ってくる！
他にママが協力できることがあれば言ってね
うん

テーマ2

失敗した時こそ勇気づけ

恭子さんは「旅行の準備は航太くんの課題」だと考えたの
その課題が誰のものかって考えている時点で無関心とは言えないでしょ？
航太くんが自分でやり始めるまで口出しせず待ったのよ
なるほど〜
子どもの課題ってほかにどんなものがあるんですか？
いろいろあるけど代表的なのはこんな感じかな
宿題
学校に行く
勉強
忘れ物
片付け
友達関係
きょうだい喧嘩
えーっ！　アタシ毎日口出ししちゃってる！
放っておいたらあとあと大変だもん
いくら子どもの課題だからって親が関わらないのは不可能なんじゃ…？
ほへ？
親が子どもの課題に関わっちゃダメなんて言ってないわよ？
子どもの課題に関わりたい時は方法があるの！
方法…？

ポイントは2つ！
1つめは心のドアをノックし提案すること
子どもの課題に親が介入していいかどうかを尋ねるの
たとえば「宿題のことでちょっといい？」とかね
ほほー
knock
knock
2つめは提案を押しつけず最終的には子どもが決めること
「最近宿題を忘れることが多いみたいね」と伝えて
課題の明確化ね
「忘れないで宿題をやるにはどうしたらいいか考えてみない？」って〈提案〉するの
事実
提案
そんなに冷静に言えるかしら？
ウチの場合すぐ言い合いになっちゃいそ〜
そこはつとめて心を落ち着けてね
慣れも大切よ
大事なのは命令や指示をせず提案すること
子どもと一緒に考えるのはいいけどどうするかは本人に決めてもらうの
課題を解決するのはあくまで子ども自身だから
C
B
A

子どもが自分で「宿題は寝る前にやる」って決めたとして…
毎日睡魔に負け続けたらどうしたらいいですか？
うちの子そーゆー子なんです〜
うまくいかないならまた同じように声かけ→話し合いをすればいいのよ
何度でも！
それとね…
修学旅行の前夜
ぐったり…
ただいま…
航太？どうしたの？
………
……今日修学旅行のしおりが完成してさ
ぼくクラスのしおり係やってて
あー　うん
うっかり字を3箇所も間違っちゃってたんだよ〜！
修学旅行

最悪だ～!!
航太…
とっても大切なことがあるの！それは
失敗したときこそ「勇気づけ」をすること！
失敗を親に怒られたり責められたりしたら…
子どもは萎縮して次の失敗を恐れるようになって挑戦しなくなってしまうの
失敗
じゃあ「勇気づけ」って何をすればいいんですか？
まずは落ち込んでいる子どもの気持ちに寄り添うの
それから子どもが課題に挑戦した中でプラス面に注目して
貢献したこと
努力した姿勢
達成できた部分
前進した部分
それを言葉や態度で肯定することが大事なのよ
……出発の前日なのに大変だっだね

あっでも丁寧な字で書けてて読みやすいよ
………
みんなに超責められてすげー謝った
そうだったんだ…
書いた後にもっとしっかり確認すればよかった…
修学旅行
しおり係は修学旅行のまとめ冊子も作るんでしょう?
はー…
もうやりたくないな〜〜〜また間違ってみんなに怒られたらやだもん
さっき航太「もっと確認すればよかった」って言ったよねそれは確認不足が原因だと思ったからでしょ?
え?うん

ほら
失敗したからこそ
わかることも
あるじゃない!
おっと!
明日は
いよいよ出発で
朝早いんだよね
すぐ晩ごはん
作るねっ☆
くるっ
…ママも
いっぱい失敗
してきたの?
あったり前
じゃない!
ママのごはんが
おいしいのは
新婚時代に
失敗しまくった
おかげなのよ!
じゃあパパは
苦労したんだね
私も子育てを
失敗しながら
たくさんのことを
学んでいるのよね
そうだ!
荷物もう1回
確認しよーっと
おおっ
学んだことを
活かしてるね
航太くん!
ありがとうね
航太♡

01

親が○○したら子どもは何を学ぶか

子どもが成長する機会を奪っていませんか？

子育ての目標は子どもの自立です。

子どもが自分で考え、判断し行動できるようなるには、子どもの頃からさまざまな経験をし、試行錯誤しながら成功体験を積むことがとても大切です。

一方、子どもに何か問題が起きたとき、何もかも親が手出し口出しをして、問題を解決していたら、子どもはどうなるでしょう。

これでは、**子どもが自分で考え学ぶ機会を奪うことになってしまう**のです。

子どもに何か問題が起きたときは、このように考えてみてください。

「**親が○○したら子どもは何を学ぶか**」

そうすると何をすればいいか、ヒントが見えてきます。例をもとに、考えてみましょう。

(例)寝坊して学校に遅れそうになった時、どうしますか?

もし、学校の始業時間に間に合うように、いつも親が自転車や車で送っているようならば、子どもは何を学ぶでしょうか。

「どうせ寝坊しても結局親が乗せて行ってくれて間に合う」

子どもたちは、このように学びます。これでは、自分で解決する力が育ちません。

さらに親がこうした行動をすることは、**「あなたは朝、時間通りに動けないダメな子なのよ」**というメッセージを送ってしまうことになるのです。これでは、自立心が育つどころか、子どもの勇気をくじくことになってしまいます。

マンガ中の航太くんも、ダラダラしていると、いつも恭子ママが怒りながらも手伝ってくれることから、「結局親がいつもやってくれる」ということを学んでしまったようでした。

恭子ママは、子どものことが心配で心配でたまらなくて、ついつい、手伝っていたのでしょう。

でも、残念ながらその行動は、「自立」という子育ての目標から考えると、逆効果。

「あ～私も普段、同じようなことをやっていたな……」

そう思う方も、大丈夫。今日から、変えていければいいのです。

「親が○○したら子どもは何を学ぶか」を考えよう

何か問題が起きたら「親が○○したら子どもは何を学ぶか」を考えてから行動してみませんか？

02

子どもの「課題」に口出し、手出しをしていませんか？

「子どもの課題」と「親の課題」

「そうは言っても、子どもが遅刻しないようにするのは親の役目だ」

そのように思う方もいるかもしれませんが、アドラー心理学では、「子どもの課題」と「親の課題」を分けて考えます。

行為の結末が子どもにふりかかるものを、**「子どもの課題」**と言います。たとえば宿題をしない、勉強をしない、友だちともめている、子どもの友人関係、自分の部屋の片付け、きょうだい喧嘩、物をなくす、などです。

それに対して、行為の結末が親自身にふりかかるものは、**「親の課題」**です。夫婦の問題、仕事のこと、家計のこと、親自身の交友関係、義理の親との関係などです。それから、子どもの友人関係を心配する、子どもの進学のことを不安に思う、子どもに口うるさく言ってしまうなども「親の課題」です。

「子どもの課題」は子どもが解決する

自分の課題は、基本的には自分で解決する、というのがアドラー心理学の原則です。

マンガでは、修学旅行の準備をしなくて困るのは航太くんなので、子どもの課題となります。**基本的に私たち親は、子どもの課題には踏み込みません。**

どうすればいいか迷った時は、先ほどご紹介した「親が〇〇したら子どもは何を学ぶか」を考えてみましょう。

マンガの場合、修学旅行の準備をお母さんがやってしまうと、航太くんは「ギリギリまで準備しなくてもお母さんが最終的にはやってくれる」ということを学びます。これでは、航太くんのためにならないのは、言うまでもありませんね。

子どもの課題に口出しすることの4つの問題点

親が子どもの課題に口出しをすることには、次のような問題点があります。

親が子どもの課題にいつも口出ししていると、子どもは「課題解決は親がしてくれるもの」と捉え、自分の力で課題解決をしようとせず、親の指示通りに行動したり（自分で考えない）、親の指示が自分の思いと違う場合、反抗したりして親子関係が悪化していきます。

一方、自分の課題にしっかりと取り組むことで、「自分の課題は自分で解決することができる」ことを学びます。そして、その経験を積み重ねることで、子どもたちは自己肯定感を高めていきます。

……と言う私も、かつて失敗してしまったことがあります。

図04 子どもの課題に口出しすることの問題点

- 子どもが自分の力で課題を解決する力を伸ばせなくなり、自信を失う
- 子どもが依存的になって、親に責任を押しつけるようになる
- 子どもが感情的に傷つけられ、反抗的になる
- 親が忙しくなる

参考：（有）ヒューマン・ギルド SMILEテキスト（非売品）

新米教師の頃、ある保護者の方からこんな依頼をされたことがありました。

「うちの子、新しいクラスになって友だちができないんです。引っ込み思案で友だちに声をかけられないので困っています。同じクラスの○○くんは大人しいしうちの息子と気が合いそうなので、先生、二人を一緒に遊ばせてくれませんか？」

当時、アドラー心理学を知らなかった私は、「保護者の要望ならば」と、言われるがままに声をかけて、「二人で一緒に遊んできてごらん」と言ってしまいました。

今になって考えると、これは子どもの課題に大人が介入すること。これでは、「自分から何もしなくても先生が何とかしてくれる」と学んでしまい、自己解決力が育ちません。


小学校のクラスには三十数名の子どもたちがいて、大小はあるものの、子ども同士のケンカやトラブルは日常茶飯事。こうした子ども同士のぶつかり合いは、大人になるまでの過程として大事な経験なのではないかと思っています。

誰とでも仲良くすることよりも、ケンカした時に自分で解決する力を身につ

子どもの課題に口出しばかりしていると、子どもの自立を妨げる

けられるように、子どもたちと関わることが大事なのです。

子どもたちはそうやって人間関係を学び、悔しさや怒り、悲しみを感じ、自分の思いを伝えることや相手の話を聞くこと、相手を理解しようと歩み寄ること、自分の気持ちを大事にすること、相手とわかり合うこと、許すことなど、周りの人たちとどう関わるかという、とても大切なことを学んでいるのです。

大人の役目は子どもたちを見守ること。もし子どもから「助けてほしい、自分たちの課題を解決するお手伝いをしてほしい」と依頼があったら、私たち親は引き受けてもよいし、引き受けなくてもいい。

これが、勇気づけの子育てが提案している関わり方なのです。

03

子どもの課題をサポートする

子どもの課題をサポートする2つのポイント

いくらアドラー心理学では「課題を分けて考える」、「子どもの課題は子どもが解決するのが原則」と言っても、親としては、実際の生活の中で、子どものことが気になることもありますよね。それに、成長過程の子どもにとっては、自分で何とかしたいけれどやり方を知らない、どうしたらいいかわからないということも考えられます。

そんな時は、**親子で一緒に考えることがあってもよい**のではないかと、私は考えます。その場合、押さえておくポイントが2つあります。

ポイント①　親は提案ができる

ポイント②　最終的に決めるのは子ども自身

繰り返しになりますが、**子育ての目標は、子どもが自分の力で課題を解決できるようになること。**ですから**親の提案通り、思い通りにするためではない、ということを忘れないでくださいね。**

子どもの課題をサポートする手順

続いて、子どもの課題をサポートする手順です。宿題をしなくて心配している場合を例に考えます。基本的には、次の5つのステップで進めていきましょう。

まずは、**「○○について話したいのだけどいいかな？」**などと子どもの心のドアをノックします。子どもが「今はそれについて話したくないんだ」と言ったら話さないし、子どもが「うん、いいよ」と言ったら、**「お母さんはこんなふうにす**

子どもの課題を解決するのは子ども自身。親の提案通り、思い通りにすることは課題のサポートではありません。

るといいかなと思うのだけど、どう思う?」などと、**「私メッセージ」**で自分の考えを提案します。

子どもは親が提案したことを、やってもいいし、やらなくてもいいのです。**「提案はするけれど、そのやり方を受け入れるかどうかは自分で決めていいんだよ」**と、相手に選択をする権利を与えることで、子どもを尊重しているのです。

116ページから、よく相談を受ける子どもの課題に関わる際の声のかけ方をまとめました。参考にしてみてください。

親は、子どもをヘルプするのではなく、サポートする存在。ヘルプとは、子どもをできない存在として助けること（親が代わりにやること）。そうではなく、子どもを「自分で解決する力」を持った一人の人間として尊敬し、サポートしてみませんか？　そうした関わり方が、子どもの力を育くむのです。

親は子をヘルプしない！
サポートする！

図05 子どもの課題をサポートする手順

ステップ1 相談・依頼する

宿題について
一緒に考えたいんだけどいい?

ステップ2 「私メッセージ」で伝える

お母さんはあなたが宿題を
寝る前に慌ててやるのが気になっているの

ステップ3 子ども考えを聞く

あなたは宿題を寝る前に慌てて
やることについて、どう思っているの?

ステップ4 提案する

穏やかに話す

慌ててやらないですむようにするために、
もう少し早めに宿題をしてみるのはどうかな?

ステップ5 子ども自身がやり方を決める

- **子どもが決めたことを尊重する**

（例）「寝る直前でもそのやり方でいい」と子どもが言ったら、任せる

食べ物の好き嫌い

お魚嫌いなんだよね。
でもすごく栄養があるし、お母さんはあなたに
食べてほしいなと思っているの。
少しだけ食べられるかな?

あなたが嫌いな魚を少しでも食べられるように、
お母さんも何か料理に工夫してみようと思うの

一口でも食べられたら「嫌いなのに一口食べられたね!」
と勇気づけを忘れずに!

忘れ物ばかりする

最近忘れ物が多いようだね。
そのことについてあなたはどう思っているの?
不便なことも多いようだし、
どうしたら忘れ物をしないですむか
一緒に考えてみない?

図06 よくある課題へのサポートの仕方

● リビングを散らかしている

あなたの物がたくさん出しっぱなしで
お母さん困っているの。
みんなで使う部屋だから片付けてほしいの。
今、お願いできるかな?

● 友達とケンカしたのかしょんぼり帰ってきた

おかえり! 元気ないね。何かあったの?
(子どもが話し始めたら聴く)

子どもが話してくれた場合

そうだったんだ～話してくれてありがとう。
そんなふうに言われて嫌だったね。
その時あなたはどうしたの?

共感しながら聴く。親が課題を解決するのではなく、
「どうしたらいいか」を子ども主体で一緒に考える

子どもが黙って話さない場合

お母さん、いつでも相談にのるからね。
話したくなったらいつでも声かけてね

04

子どもの失敗にどう向き合うか

「失敗いっぱい大歓迎」

「失敗いっぱい大歓迎」

これは私の学級の合い言葉でした。というのも、失敗を恐れるあまり、何かに挑戦することを最初からあきらめる子どもがとても多いからです。子どもだけでなく大人も「失敗＝いけないこと」と捉える人たちが多いように思うのです。

でも、私はこんなふうに考えています。

失敗はそこから学びがあれば失敗ではない。
失敗は成功へのチャンス（第一歩）。
失敗はチャレンジの証（チャレンジしなければ、失敗さえできず学べない）。

「失敗することは悪いことではない」と、子どもたちに伝えてきました。そして、私自身もそうやって生きることを背中で示したいと思っています。

だから、教師時代、人の失敗をバカにして笑ったりすることは絶対に許しませんでした。仲間同士で失敗を受け入れ、みんなで一緒に成長していけるような安心できるクラスをつくりたい——そう考えていました。同じ失敗をしないためにどうすればよいかを話し合い、勇気づける機会を増やしていけば、子どもたちは安心して物事に取り組めると思うのです。

これは、現在の仕事を始めてからも、変わらずにお伝えしていることです。

以前、中学生を対象に「勇気づけのメッセージ」というテーマで講演会をしたことがありました。

思春期真っ盛りの生徒さんたち。そしてはじめて触れるであろう「心理学」の話。「反応はどうかな？」と、不安もありましたが、一人の人間として尊敬、信頼して接しようと、心を込めて話をしました。

すると、こちらの想像以上の反応。素直でキラキラした目をして、しっかりと話を聞いてくれています。心のこと、そして自分を大切にすること、中学生でもわかりやすい勇気づけのお話など、50分間集中して聞いてくれました。

そして、講演の最後に、花束を渡してくれた生徒さんは、このように話してくれました。

「ぼくは、これから失敗を恐れずにチャレンジしていきます！」

キラキラとした笑顔が、今でも印象に残っています。

ほかにもたくさんの感想をもらい、多くの勇気を受け取りました。

子どもたちは、私たちが思っている以上に失敗を怖がっています。

でも、**「失敗いっぱい大歓迎」**。

ぜひ、お母さんは、子どもたちの失敗を歓迎してあげてください。

失敗をしても、大丈夫。それが子どもたちの成長へとつながっていくのですから。

子どもが失敗してしまったらどうする？

子どもが失敗してしまった時、どのように声をかけるといいでしょうか。

たとえば、子どもがピアノの発表会で弾き間違えた時、

「なんで間違えるのよ。恥ずかしいじゃない！」

「練習が足りなかったのよ。ちゃんと練習しないから」

などと言われると、子どもは勇気をくじかれてしまいますね。失敗を恐れて、チャレンジしなくなってしまうかもしれません。

子どもの自信とやる気を引き出すためには、このように伝えてみましょう。

「緊張したよね。でも最後まで弾けたね」

「○○の部分は前よりうまく弾けて

図07 **失敗した時の言葉かけ例**
（例）子どものテストの結果が悪かった時

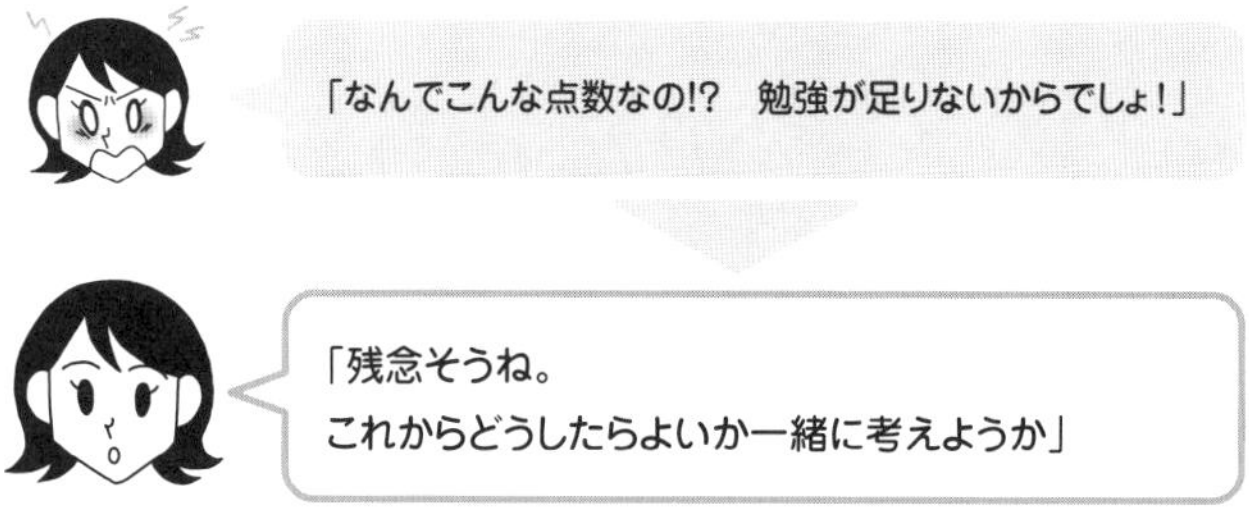
「なんでこんな点数なの!?　勉強が足りないからでしょ！」
「残念そうね。
これからどうしたらよいか一緒に考えようか」

いたよ」

当たり前のようにできているところに目を向けて、伝える。

失敗した時こそ「勇気づけ」が大切なのです。

「できていること」に目を向けよう

子どものよいところに目を向けようと思いつつも、なかなかうまくいかずダメ出しをしてしまうというお母さんの声もよく聞きます。

でも、安心してください。

人は欠けているものに自然と目が向くようになっているのです。ですので、意識をしないと、当たり前のような、できている部分に目を向けることは難しいのです。

よく考えてみると私たちは、当たり前のように毎日を過ごしていますが、家族みんな事故もせず、元気に過ごせるのは当たり前のことではないのです。しかし、わが子には、ついつい「もっとよくなってほしい」、「成長してほしい」と思うがゆえに、当たり前のことは見過ごして、欠点に目が行ってしまい、いつも引き算の考え方をしてしまいがち……。でも、思い切って、足し算をしてみましょう。**「ないものねだり」よりも「あるもの探し」**です。

コツは、次の3つ。

- **当たり前だと思っていることを探す**
- **一見よくないなぁと思うことの中にも、必ずあるよいところを見つける**
- **「できていないこと」よりも「できていること」に注目**

今までのやり方を変えるには、練習が必要です。

もちろん、お母さんも、失敗いっぱい大歓迎。おけいこを続けることが大事です。続けていくうちに、だんだん身についていきますから。

少しずつでもいいので、「あるもの探し」を続けていきましょう。

「失敗」ではなく、「うまくいく途中」と考えよう

じつは私の長女は、幼稚園年少組に入りたての日曜参観の時、聞こえるか聞こえないかのか細い声で、今にも泣きそうになりながら自己紹介をするような子でした。

その頃、私は、こう勇気づけを続けていました。

「がんばったね！　たくさんのパパやママがいて緊張したね。でも勇気を出して話せたね。だんだんできるようになるから、練習していこうね。大丈夫♡」

時は流れて、小学校に入学してはじめての授業参観。そこで見た長女は「はい！　はい！」と挙手をして元気よく大きな声で発表していました。年少組の頃の様子とはまるで別人。高学年からは代表委員として活躍しています。

きっと、小さな声でも挨拶ができたり、発表ができたりした時に「勇気づけ」を続けたことで、小さな成功体験を積み重ね、自信がついたのでしょう。

目の前の子どもの姿は「過程」形。完成形ではありません。できないことがあっても、苦手なことがあっても大丈夫。

「だんだんできるようになるよ」

「きっとうまくいくよ」

そう勇気づけてくださいね。

お母さんは心配しすぎずに、ドーンとかまえて子どもを信頼してください（でも、心配してしまう気持ちも、よくわかります）。

子どもは親の思ったように育ちます。

「きっと大丈夫」と思って育てていれば大丈夫になりますし、「ダメだ」と思って育てていると、どんどんダメになっていってしまうのです。

大切なことなので、何度も言います。

目の前の子どもの姿は完成形ではありません。過程形です。

まだまだ進化の途中ですから、今はできなくても大丈夫。

信じて見守っていきましょう。

お母さんの「子どもを信頼する力」が何よりのパワーになります。

待つのは少し忍耐がいるけれど、「待つこ

私も子育てを失敗しながらたくさんのことを学んでいるのよね
そうだ！荷物もう1回確認しよーっと
おおっ学んだことを活かしてるね航太くん！
ありがとうね航太♡
親も子どもも、過程形。失敗しながら、少しずつ成長していけばいいのです。

と」が子どもをグングン伸ばしていくのだと、教員時代に痛感しました。

急かしたり、口出ししたりするほうが楽かもしれません。

だけど、**「待つ愛」というのも、とっても大事**。

土の中で根を伸ばす植物のように、今は目に見えなくても、確実に成長して、育っているのです。そして、種の中は完璧で、すべて必要なものはそろっています。それを忘れないでくださいね。

目の前の子どもは完成形ではなく過程形。これから少しずつ育っていく

Part4

きょうだい関係とそれぞれの性格

[Story4]
きょうだい喧嘩はなぜ起きる？

テーマ1

きょうだい喧嘩はなぜ起きる？

なんだとーー！
ポカ
スカ
なんだよーー！
こらーっ！何やってんの！
博巳が自分の観たいテレビばっか観るんだ
違うよ 4時までは兄ちゃんに譲ったんだよ
なんだとーー！
なんだよーー！
ギャーギャー
やーめーなーさーいっ!!
おおっ ママが帰ってきたらさらに白熱してきたぞ～
ははは
キッ！
のんきなこと言ってないでちょっとは止めてよ！
ねえ～どうしていつも喧嘩ばかりしてるの!?

だって兄ちゃんオレの話聞いてくれないだもん
そうなの？拓海
ウソだよ！
博巳こそ口で言ってもすぐキレるんだよ
そうなの？博巳
フン！
キレてなんかねーよ バカ！
なんだとー！
なんだよー！
ガーッ
いい加減にしなさーい!!
喧嘩ばっかりしてるんならもうテレビなんて観なくていいっ！
えーっ!?
ミーン
ミンミンミン

…というわけで毎日毎日きょうだい喧嘩の仲裁ばっかりしてるのよ～
ハ～ッ…
大変ねえ
うちは姉妹だからもっぱら口喧嘩だわ
うちはひとりっ子…
男の子ふたりだと激しそうね
つい大声で怒っちゃうの
うちはお店だから接客中なんか恥ずかしくて…
なんとか喧嘩をやめさせる方法ってないんですかね綾子先生
えっ？
きょうだいで喧嘩したって問題ないのよ？
エーー？

きょうだい喧嘩ってさせていいものなんですか？

人間関係を学ぶ大事な機会だもの
だから「何が何でもやめさせなきゃ！」って思うことはないわ
No problem!

じゃあ放っておいたほうがいいんでしょうか？

放っておく…とはちょっと違うかな〜

あっわかった！

子ども同士の喧嘩は〈子どもの課題〉だから…基本的に親は介入せずに見守る！

そうね♪

……でも…

「でも誰かが喧嘩を止めないとうるさいしたたき合いになってケガしちゃっても困るな〜」って思ってる？

そっそうです…！心の声聞こえちゃいました？

じゃあ子どもが喧嘩している時親はどうしたらいいと思う？
う〜ん…
子どもたちの言い分を冷静に聞くとか
喧嘩の最中に？それは結局仲裁じゃない？
冷静に…ってところがもう無理だわ〜
うちの場合私が怒鳴って強制終了させるしかないもの
ん〜
残念だけど優香さん…
それってじつは逆効果なの
えっっ
逆効果!?
そっ…
あのねこんな言葉を聞いたことがあるんだけど
きょうだい喧嘩はプロレスリング
プロレスリング…って格闘技のプロレスですか？

きょうだい喧嘩って
観客がいると
盛り上がっちゃう
のよね
ジー
コラーッ
エンドウプロレスリング
エンドウプロレスリング
怒ったり
仲裁することで
親が〈観客〉に
なってしまうのよ
拓海と博巳なら
喧嘩してる☆
ママが
帰ってきたら
さらに白熱
してきたぞ
あっ……！
そして子どもは
〈喧嘩をすると
親の注目を得られる〉と
学んでしまうわけ
ガーン
心あたり
ありまくり……！
えーと
〈子どもの
困った行動の目的は
親の注目を得るため〉
…でしたっけ？
そうそう
だから
きょうだい喧嘩は
注目しないほうが
いいのよ
チュー
でっ　でも
喧嘩って
直接的なきっかけで
起こりますよね？
おもちゃの
取り合いとか
順番争いとか…

親の注目があってもなくても喧嘩はするんじゃないでしょうか？
優香さんならどう？
ねっ♡
基本的には楽しく過ごしたいわよね♡
1日中ずーっと喧嘩していたい？
え～～やだなあ喧嘩ってすごくエネルギー使うしイヤな気持ちだし…
ふるふるふる
だからきょうだいが仲良くしてる時に注目することが大事なの
「あなたたちが仲良くしているとママは嬉しいよ」って伝えて！
あと日頃の勇気づけも続けてみてね♪
まずは「喧嘩しても親は注目しない」って理解させるわけですね…
できるかしら？またイライラして怒っちゃうかも
可能ならその場から離れちゃうのも効果的よ♡
ケースバイケースだけどネ
あっなるほど！
そうします！

遠藤不動
なるほどね～ きょうだい喧嘩は プロレスかあ
親は レフェリーであり 観客でもある…と
本人たちも 無意識 なんだろうけど 観客の前だと ついヒートアップ しちゃうってことね
ふう…
今度からは 参加しないように 気をつけなきゃ
ふーん いいんじゃ ないの？
ちょっとぉ～ 他人事みたいに 言わないでよっ あなたも やるのよ！
えっ あっ そうか
どうすれば いいのかな？
ポイントは この2つよ
ふだんからの 勇気づけもね
①喧嘩には注目しない
→できる限り関わらない
可能ならその場から離れる
②仲良しの状態に注目する
→「仲良くしてるね」と声をかけて
注目していることを示す
わかった～

おい博巳！オレのラジコン！
ギャ〜〜ン
いいじゃん兄ちゃん今使ってないんだから
ギャギャギャ〜
勝手に使うなよドロボー！！
ひょいっ
ちょ…何すんだよやめろよ！
ぎゃあぎゃあ
あーあまた始まった…
ねぇ〜ママ〜！兄ちゃんがラジコン貸してくんない！
ガチャッ
拓海ぃ――
んも―
喧嘩には注目しない
おっと……口出すのやめるんだった
あぶないあぶない
ママ〜？

すー
ママね
仕事中だから
静かにして
!?
パタン
ふーっ
あ もう
再開した
本当に
大丈夫なの
かしら…
ただいま
おおっ
ギャワー
ギャワー
派手に
やってるけど
いいのか？
ギャー
ギャー
ギャー
あの子たちに
任せるって
決めたんだもの
あとは
見守るしか
ないわよ

キイ…
すみませーん
いらっしゃい
ギャーギャー
……
……
表に出てる物件についてうかがいたいんですけどー
ハイハイどれかな
スッ
………
ガチャッ
あっ ママ！博巳がさあひどいんだよ！
ちがうよ兄ちゃんが！
あのね拓海博巳
ここで大声出すと事務所に聞こえて迷惑なのわかるよね？
喧嘩するときは自分たちの部屋に行ってくれる？
よろしくね
パタン

……上行く？
もう…いいよ
ボーゼン…
その後も…
あら？
今日は仲良いわね♡
仲良しに注目！
ギャーギャー
喧嘩には注目しない！
無
日頃の勇気づけ！
博巳にんじん全部食べた♪
拓海もタマネギ残してないね♪
だんだん感覚がつかめてきたかも…！
すごいすごい
ちゃんとわけっこしててママ嬉し〜！
仲良しに注目！
POTATO

オレはまだ優香みたいにうまくできないよ
なあにこれ？
コト
お客さんの差し入れ
優香はホントによくやってるよ
……ありがと
今日は何だか静かだね
そういえばそうね
何してるのかしら…
兄ちゃんこれ借りして
…いいけどデータは消すなよ
ジー
何だよ？
ダメって言うかと思ってた
………あのな～
いつも怒るのはお前が勝手に使うからなんだぞ!?

オレはケチじゃないし意地悪でもないんだからなっ！
わかったサンキュー！
わーい♪
住居
店舗
おおっ!?
今の聞いた？
ひそひそ
聞いた聞いた！喧嘩にならなかったな！
ひそひそ
あっ
綾子先生！
優香さんこんにちは♪
ちょうどよかった！お礼が言いたかったんですよ〜！
お礼？
おかげさまでうちの子たち喧嘩が減ってきたんです
あら！
それはよかったわね〜

私も主人も怒ることが減ってストレスもなくなってきて
家の中が明るくなってきたんですよね
綾子先生のアドバイスのおかげです!
ありがとうございました!!
それは優香さんとご主人が行動したから♡
笑って過ごすお家のほうが楽しいものね
そうですね～
あとはもう少し拓海が博巳にやさしくなってくれたらいいんですけど
ゼイタクかな……
?
ふぅ…
弟に対して手厳しいっていうか…
オレのだろっ
おもちゃを貸さなかったりゲームで手加減しなかったりするんです
けちー
拓海に〝兄〟としての自覚が出ればもっと喧嘩が減ると思うんですよね～
そういう時優香さんはどうしてるの?
弟よ
好きに使いな
ありがと兄ちゃん
なるべく冷静に「お兄ちゃんなんだからゆずってあげて」って言ってます
うーんなるほど…
優香さん

それだわ！その言葉！
お兄ちゃんなんだから
ええっ!?
いつもそう言われたら拓海くんはどんな気持ちになるかしら？
それは…不満というか…イヤな気分でしょうけど…
そうよね
拓海くんはそういう気持ちをママにわかってほしいと思ってるんじゃないかしら
赤ちゃん返りと似てるわよね
は!?
赤ちゃん返り!?
拓海はもう小学4年生ですよ？
下の子が生まれると上の子が親にかまってほしくて赤ちゃんみたいな行動をとるわよね

赤ちゃん返りをする上の子の〈目的〉も〈ママの注目を得ること〉でしょう?
同じ目的を持つきょうだいはライバルなのよね
赤ちゃん返りかぁ…
博巳が生まれたとき拓海はイヤイヤ期で大変だったなぁ
あれからずいぶん大きくなったと思ってました…
お兄ちゃんだって小学4年生…まだまだ子どもなんだもの
ママにいっぱい見ててほしいし甘えたいわよね
拓海の気持ちを受け止めたら今からでも変わるでしょうか?
きっと大丈夫よ

気持ちを受け止めてもらえる安心感は大人にだって必要でしょう？
優香はホントによくやってるよ
…そうですね
拓海の気持ちも大切にしようと思います！
ママー？ちょっとだけサッカーしに公園行ってもいい？
あっえーっと…
拓海くんかな？はじめましてママのお友だちでパン教室の先生の綾子です

いつもママがお世話になってます
ペこり
やだ〜どこでそんなの覚えたの?
てへっ
しっかりごあいさつできるのね!
オレもママがお世話になってます!
博巳くんね うふふっ こちらこそ♪
じゃあいってきまーす!
車には気をつけるのよっ!
はーい!!

01

きょうだい喧嘩はなぜ起きる？

きょうだい喧嘩の目的は？

まさか、きょうだい喧嘩の目的が、親の注目を得るためだなんて、私もアドラー心理学を学びたての頃は驚きました。

「親の注目」という賞品をかけてきょうだい間で「競争」している――それがきょうだい喧嘩の本質なのです。 もちろん、子ども自身は、そのことに気づいていません。

マンガでも、お母さんが帰ってきたら、拓海くんと博己くんの喧嘩が白熱していきましたね。お母さんが介入することで、より激しい喧嘩となりました。

きょうだいの年齢が離れていれば、それほど激しい競争にはなりません。でも、年齢差が1～2歳と近ければ近いほど、より激しい競争関係になっていくようです。

きょうだい喧嘩をやめさせるには?

きょうだい喧嘩は、親が喧嘩に注目をしなければ、そのうち収まります。

とは言っても、目の前でもめていれば、イライラしたり、口を出したくなる時もありますよね。そんな時は、その場を離れてみるのもひとつの方法。**親がその場からいなくなると、子どもは「これ以上喧嘩を続けても、親にかまってもらえない」と思い、喧嘩も収束していきます。**

親が喧嘩に介入し続けると、子どもの、課題解決の力(=喧嘩の収束の仕方を学ぶ機会)を奪ってしまうことになります。喧嘩が起こるたびに、「お母さん! お兄ちゃんがぼくをたたく!」などと、親の注

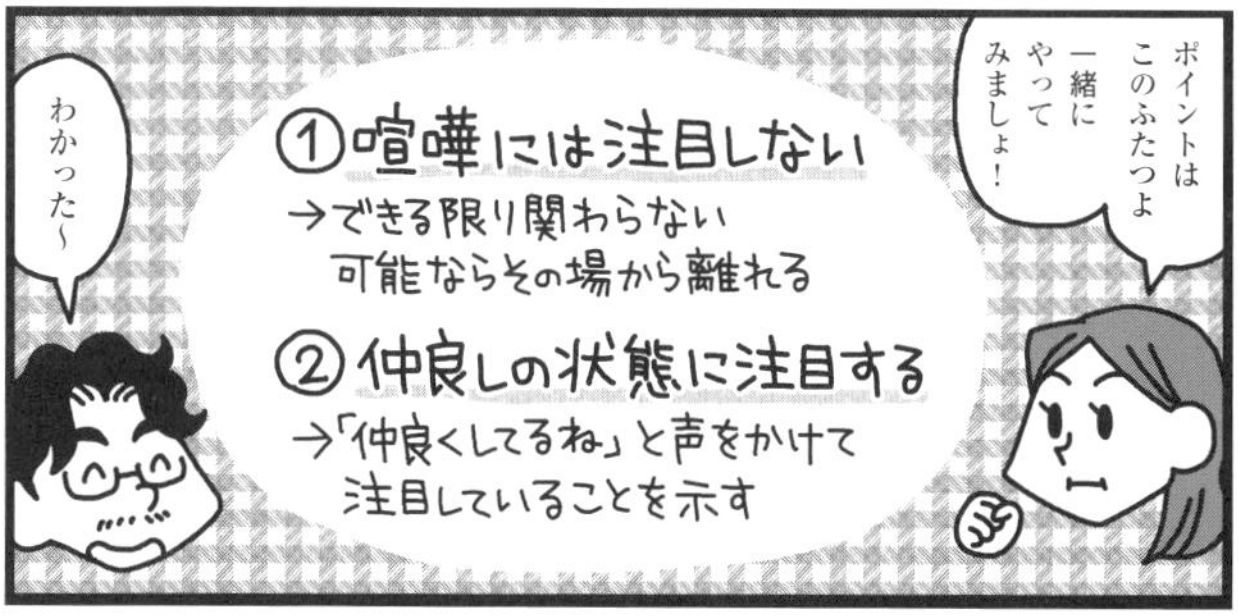
ポイントはこのふたつよ 一緒にやってみましょ!
わかった~
①喧嘩には注目しない
→できる限り関わらない
可能ならその場から離れる
②仲良しの状態に注目する
→「仲良くしてるね」と声をかけて
注目していることを示す

きょうだい喧嘩をやめさせるポイントはこのふたつ。夫婦で共通理解しておきたいですね。

目を得て、解決してもらおうとすることになるかもしれません。いつも「どちらが悪い」とジャッジしていたら、忙しくなってしまいますね。

お母さんだけそうしていてもお父さんが喧嘩に注目していたら意味がなくなってしまうので、夫婦で共通理解しておくとよいですね。

求められたら相談に乗ろう

きょうだい喧嘩は子どもの課題なので、基本的には自分たちで解決してもらいます。でも、もし子どものほうから「お母さん、○○で困っているから話を聞いてほしいの」などと依頼された場合は、相談を受けてもよいですね。また、暴力があまりにもひどい場合や、年の大きな子と小さな子（まだお話がうまくできない子）の場合は、介入する必要のある場面もあります。

その際は、子どもをジャッジすることなく、感情的にならず、できるだけ理性的に、双方の話を聴いてみるとよいでしょう。

次のページに、聴き方のポイントをまとめました。

子どもも、大人も、話を聴いてもらうだけで、心はずいぶんと落ち着くものです。相手の話を共感的に聴くことも、勇気づけのひとつ。ここでご紹介する

図08 聴き上手になる4つのポイント

① 相づちを打つ

② 共感しながら聴く

③ 「それで?」と言葉をかける

④ 言葉を繰り返す

方法を参考にして、聴き上手を目指しましょう。

きょうだい喧嘩は人間関係を学ぶ場

私の子どもは6歳差の姉妹。小さな喧嘩はたまにあります。ゲームの順番、TVのチャンネル争いなど、些細なことですが……。

子どもたちの言い争いには介入しないので、娘たちもそういうものだと思っているのでしょう。私に言いつけに来ることはありません。ほとんど注目しないので、比較的早く喧嘩も終わります。

私たち夫婦は、二人の喧嘩を「きょうだいっていいねぇ」と遠くから眺めています（もちろん、うるさい時は不快になりますが）。

私も夫も一人っ子なので、きょうだいがどんなものなのかわかりません。喧嘩をしたくてもできなかったので、喧嘩をしながらも仲良く遊ぶ姿はほほえましく思えたりもします。

喧嘩というと、いい印象はない方が多いでしょうが、人間関係を学んでいると考えてみてはいかがでしょうか？

以前、三人の男兄弟を育てたお母さんから、こんな話を聞いたことがあります（現在、三兄弟は大学生）。

「男の子の喧嘩は、激しいのよ。ふすまが外れたり、障子に穴があいたり、小さな頃は大変だったわ。でも、子どもが成長するにつれ、喧嘩も減り、そんなことが懐かしく思う日があるの。そんな日々も愛しかったなって……。今では三人とも仲良しよ」

それに、きょうだいはいつも喧嘩をしているわけではありませんよね。マンガ中で優香ママがやってみたように、仲良く遊んでいる時に注目し、**「仲良く遊んでいるね」**、**「仲良くしていてお母さんうれしい♪」**などと、日頃から当たり前の行動にも注目し、勇気づけすることをお勧めします。

きょうだい喧嘩している時だけでなく、仲良くしている時にも注目し、勇気づけ

02

「赤ちゃん返り」の本当の理由

「上の子が下の子をいじめる」のはどうして？

上の子が下の子をたたく、いじめる、ちょっかいを出す……など、程度の差はあれ、きょうだいを育てるお母さんからのご相談をよく受けます。

「お兄ちゃん（4歳）が妹（2歳）にちょっかいを出したり、たたいてしまう」

この例をもとに考えてみましょう。

お兄ちゃんは愛情表現としてちょっかいを出しているのかもしれませんし、やきもちを感じてたたいてしまうのかもしれません。もしかしたら、親の注目がほしいのかもしれない……と、いろいろな目的が考えられますね。

まず、遊びたいけれど、「適切なやり方」がわからなくて、ちょっと乱暴に関わっているのなら、優しい関わり方を説明してあげましょう（「適切なやり方」を知らない場合もあるのです）。危ないことをしたら、丁寧に「やめようね」と、伝えます。もちろん、命令口調になったり、感情的にならないように注意します。

でも、あまりにたたいたりして、泣かせてしまう場合はどうでしょうか。お兄ちゃんの立場で考えてみましょう。

次のページを見て、何か気づきませんか？

「お兄ちゃんが妹に手を出し、泣かせる」→「お母さんが来て怒る」

これを繰り返していると、お兄ちゃんはこう学びます。

「妹をたたけばお母さんがぼくのところに来て怒ってくれる。お母さんの注目がほしい時は妹をたたけばいいんだ」

人は無視されるより、たとえ怒られてでも注目されたいのです。**普通にしていても注目されないと感じた子どもは、困った行動をして親の注目を引く**というのは、1章でご紹介しましたね。

図09 お兄ちゃんの立場で考えよう

お兄ちゃんが妹に手を出し、妹が泣く

そこにお母さんが来る

お母さんにガミガミ怒ってもらえる
注目を得られる
だからまたお母さんの注目を得ようとする

またお兄ちゃんは妹を泣かせる

そこにお母さんが来る

お母さんにガミガミ怒ってもらえる
注目を得られる
だからまたお母さんの注目を得ようとする

親の注目が得られないと感じると、子どもはどちらかの行動に出ることがあります。

・赤ちゃん返りをしてママの注目を引く
・ほめられるために「いい子」で注目を引く

お兄ちゃんが妹をたたいてしまうのは、じつはお母さんの注目を得るためだったのかもしれません。

マンガの拓海お兄ちゃんにも、そういう気持ちがあったのかもしれませんね。弟が小さいと、お母さんが手をかける頻度はお兄ちゃんより弟のほうが多くなるでしょう。さらに、「お兄ちゃんだからしっかりしなさい」、「お兄ちゃんだからおもちゃを貸してあげなさい」といつも言われていたら……。拓海お兄ちゃんは、弟にいじわるをすることで、お母さんの注目を得ようとしていたのかもしれません。

「下の子をいじめると、お母さんが来てくれる。かまってくれる」

これをやっている限り、上の子は困った行動をやめないでしょう。

ものすごい剣幕で大きな罰を与えればやめるかもしれません。でもそれは一時的なもの。恐怖で動機づけられた行動は長続きしないのです。

怒っても、怒ってもやめない……さらに怖く怒るようになる——。すると子どもは、ますます言うことをきかなくなり、勇気をくじかれ、親子の信頼関係が崩れてしまうのです。

心のコップを満たしてあげよう

では、どうしたらいいでしょうか。

子育てに正解はありませんが、「私ならこうする」という考えをご提案します。

「妹をたたけばお母さんがぼくのところに来てくれる」

この反対をやればいいのですから、「妹をたたいた時は、お母さんはぼくから離れてしまう」という状況をつくるのもひとつの方法です。

下の子をたたくなど困った行動をした時は、怒らず冷静に、**「危ないからやめてね」**とだけ言い、下の子を抱っこして上の子から離れていってください。

そしてしばらく、下の子の元にいます。すると、「妹をたたくと、お母さんは妹を抱っこして離れていってしまう。しばらく戻ってこない」ということを学ぶのです。

それからもうひとつ、受講生の経験談をご紹介します。

上の子をお風呂の中で抱っこしながら、**「いつも幼稚園に元気で通っているね」**、**「大きく成長してくれてありがとう」**などと勇気づけ、**「ママひとつ困っていることがあるの。○○（下の子の名前）のことをたたくでしょう？　人はみんな大切な宝物なの。あなただってママの宝物なのよ。だからその大切な人（体）をたたいたり、傷つけたりするのは絶対にいけないことなの。ママだってあなたが誰かにたたかれていたらとっても悲しいわ」**と優しく丁寧に子どもに伝え、最後に**「聞いてくれてありがとう」**と伝えたそうです。さらに、日頃から当たり前のような行動を、意識的に勇気づけていったら、上の子の暴力がやんだといいます。

「こうするといい」という正解はありませんが、大切なのは子どもに**「あなたのことをとっても大切に思っている」**ということが子どもに伝わることではないでしょうか。

お兄ちゃん、お姉ちゃん、つまり一番上の子を「第一子」と呼びます。生まれてからずっと一人っ子だったのに、ある日突然ママが赤ちゃんを抱いて、「あなたの妹（弟）よ」と現れる。今まで両親の注目を一身に受けていたのに、王座から転落するわけです。

アドラー心理学では、これを第一子の**「失われた王座」**や**「王座の転落」**と呼びます。

日頃から上の子の当たり前の行動に注目し、勇気づけてください。「お兄ちゃん（お姉ちゃん）なんだから、しっかりね」とは言わず…。**下の子と比較すると、ずっと大きく見えてしまうけれど、まだまだお母さんに甘えたいのです。**

小学校高学年や中学生でも第一子の長男・長女には、意識的に勇気づけを。たとえ中学生でも、親に勇気づけられたらとても嬉しいものです。

赤ちゃん返りも非行少年も、**「あなたは大切な仲間。いつでも応援しているし、味方だよ」**ということが伝われば、子どもの心のコップは勇気のエネルギーで満たされます。すると、わざわざ困った行動をして注目を得る必要がなくなるのです。

もちろん、困った行動をするのは上の子だけではありません。

たとえば、お母さんがお姉ちゃんと話しているのに、妹が話に割り込んできて困るといった相談がよくあります。

きょうだいはお母さんの注目という賞品をかけて競争をしているようなもの。それだけお母さんが大好きなのです。下の子が割り込んできて困るという時は、このように穏やかに伝えて

気づいた瞬間から変えていけば大丈夫！ きょうだいそれぞれの心のコップを勇気で満たしましょう。

みましょう。

「今、お姉ちゃんとお話しているの。終わったらお話するからちょっと待っていてくれるかな」

小さな子でしたら手をにぎっていてもよいし、お膝に抱っこしてもよいですね。妹が待っていてくれたら「待っていてくれてありがとう」と勇気づけも忘れずに。

きょうだいそれぞれの心のコップを満たそう

03 「きょうだい」と「性格」(ライフスタイル)

誕生順位と性格の関係

あなたは職場や学校で「妹がいそう」とか「長女っぽい」などと言われたことはありませんか? また誰かのことを「一人っ子っぽい」とか「末子っぽい」などと思ったこともあるのでは?

同じ親が同じように育てても、きょうだいによって性格が違うことは多々あります。アドラー心理学では、**子どもの性格は誕生順位の影響も多く受ける**と考えます。

誕生順位と性格(ライフスタイル)のちがいを、次のページにまとめます。もちろん、全員に当てはまるものではありませんが、傾向として知っておくと、ヒントになるでしょう。

なお、2番目に生まれた子が、必ず「第二子」の傾向を持つ、というわけで

第二子（四人以上のきょうだいの上から二番目）
「追いつくために必死になって走る」

［特徴］

・第一子に追いつき、追い越そうとする
・第一子と競争が少ない分野で努力する
・家族中の最初のふたりは正反対になりがち

中間子（きょうだいの真ん中）
「一生、人をかきわけていく」

［特徴］

・親の注目を得にくく、不公平感を抱くことも
・繊細で感受性が強く、人間関係に気が配れる
・柔軟性がある

単独子（一人っ子）
「巨人の世界の人」

［特徴］

・いつも注目の的で競争相手もいないので、甘えん坊でさみしがりや
・年長者との対人関係は得意
・自分の興味に没頭し、マイペースで素直

図10 誕生順位と主なライフスタイル

第一子（きょうだいの一番上）「失われた王座」

［特徴］
・責任感が強く、頼りになり、周囲の期待にこたえようとする
・勇気づけられていると、すぐれたリーダーになる
・完璧主義

末子（きょうだいの一番下）「永遠のアイドル」

［特徴］
・甘え上手
・大人になっても自主性に欠け、依存的なことも
・人との衝突を避けて立ち回る能力が高い

はありません。上のきょうだいとの競争が強い場合、末子でも「第二子」の特徴になるなど、決まった形式があるわけではありません。

ライフスタイル（性格）は、誕生順位のほかにも、「親の影響」や「家族価値（勉強ができることに価値を置いているなど）」、「家族の雰囲気（民主的か、専制君主型かなど）」にも影響を受けます。

親は子どもの性格を決定づけない

アドラー心理学では、人は10歳くらいまでに「こうしたらうまくいった」、「こうしたらうまくいかなかった」という試行錯誤を経て、自分の信念をだんだん固めていき、性格を決めていくと考えます（アドラー心理学では、**自分の性格は、メリットがあって、その性格でいることを自分で選んでいる**と考えます）。

また、**子どもの性格は、親やきょうだいから影響は受けるものの、最終的に子ども自身が自分で選びとっている**とも考えます。

きょうだいが三人いたとしたら、同じ親に育てられているにも関わらず、三人全員が同じ性格になるということはありませんよね。同じ親から生まれた三人のきょうだいより、ほかの親の子どもの第一子たち、中間子たち、末子たちを集めたほうが、性格が似ていることが多いものです。

また、第一子が、勉強がよくできる場合、いちばん歳の近い下のきょうだいも同じように勉強がよくできて成績優秀になる場合もありますが、上の子にはかなわないと思うと、勉強はやらず、別のことで注目を得ようとすることもあります。たとえば、運動で一番になる、人付き合いがとても上手、美術が得意など。歳の近いきょうだいは、このように似ていないきょうだいになることも多いようです。

ほかにも、きょうだいの年齢差、男か女かなども、性格に影響を与えます。

ここでお伝えしたいのは、**子どもの性格は、親だけでなく、ほかの要素（誕生順位など）の影響を大きく受ける**ということです。

もちろん、親からの影響もありますが、**親の子育ての方法によって子どもの性格が決まるわけではない**ので、お母さん、どうぞ肩の力を抜いてリラックスして子育てしましょうね。

暴力的な親に育てられた子どもが全員暴力的な人間になるとは限りません。

親を反面教師にして、暴力を否定する穏やかな人になることもあります。また、親が「学歴が何より重要だ」という価値観を持ち、子どもに熱心に勉強をさせたとしても、熱心に勉強をする子どもに育つこともあれば、親の価値観に背いて勉強をしない子どもに育つこともあります。

このように、子どもは自分自身がどう生きていくか、どのような性格でいるかを主体的に選んで、最終的に自分で決定しているのです。

性格は自分の力で変えられる

アルフレッド・アドラーの有名な言葉があります。

「人は死ぬ一日、二日前まで性格を変えられる」

いつでも人は、自分の性格を主体的に変えていくことができるのです。

私はずっと消極的で人前で話すことがとても苦手な子どもでした。通知表には「もっと積極的になりましょう」と書かれていましたが、今では二千人の前で講演しても、楽しくリラックスして話ができるようになりました。また、教員時代は悲観的で心配なことがあると眠れないような性格でしたが（正確には、そのような性格を自分で選んでいた、ということになります）、起業してからは何事も前向きにチャレンジする積極性を身につけ、心配なことがあっても「なんとかなるさ〜」と楽観的に対処できるようになりました。

性格を変えるのは難しい印象があると思います。

しかしそれは、私たちが自分の性格をメリットがあって選びとっているので、なかなか手放したくない（＝性格を変えたくない）という心理が働いているから。

たとえば、子どもが引っ込み思案だという場合、じつは子ども自身に何かメリットがあって、「引っ込み思案でいることを決めている」のです。もしかしたら、引っ込み思案でいると、お母さんの注目を得られることを知っているのかもしれませんし、引っ込み思案でいることで何かの課題（たとえば、大勢の前で話す役をしなくてすむなど）を回避できているのかもしれません。

引っ込み思案なわが子を見て、「もっと積極的になってほしい……」と、そういう気持ちになることもあるかもしれませんが、ジャッジはしないでください。

「積極的だから○、消極的だから×」と評価をするのではなく、「うちの子は何か目的があってこの性格を選び取っているのだ」と、ありのままの子どもの姿を認めてみませんか?

本人の意思次第で、また、親のかかわり方も影響して、子どもは違った性格を選び取ることもできるのです。

性格は自分で選んでいるのだから、自分が決意さえすればほかの性格を選ぶことができる――そう知ると、なんだか勇気がわいてきませんか?

ですから安心して、子どもをありのままに受け止めて、見守っていきましょう。

人には無限の可能性があるのですから。

子どもの性格は、最終的には子ども自身が自分で選んでいる

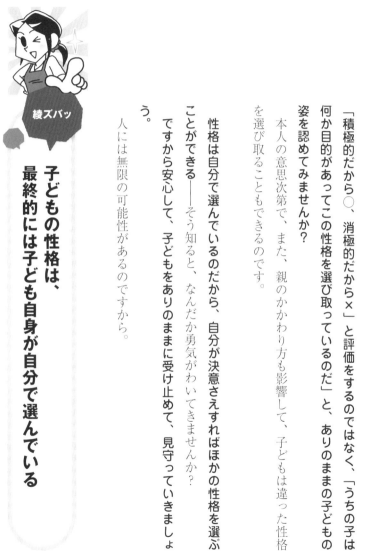

Part5

「勇気づけ」をしよう

[Story5]
「幸せなママ」になろう

△▽△英会話スクール
じゃあ次いくよ〜
FRUITS
What is this?
It is peach!
FRUITS
What is this?
It is banana!
芽依ちゃんは何が好き？
ビクッ
………いちご…
いちごはね strawberry！言ってみて？
…………リー…

じゃあ
みんなで
せーの！
strawberry!
………
他の子は
楽しそう
なのに…
ああもう
芽依ったら！
何を
やってるの！
イラ
イラ
イラ
鈴木さくら(42)
フルタイム勤務
なんでずっと
下向いてたの？
芽依が英語
好きだっていうから
体験レッスン
申し込んだのに
コツ
コツ
……………
……………
もっと自分から
積極的に
参加しなきゃ
ダメでしょ？
しゅん…
………
ごめんなさい…
どうしてこんなに
引っ込み思案
なのかしら？

テーマ1

大切なのは「ほめ」よりも「勇気づけ」

…もういい
風呂入る
ガタッ
…………
バタン…
翌日
どうして
お菓子選ぶのに
あんなに迷うの？
一番好きなの
サッと選べば
済むことなのに
…………
ごめんなさい…
ねぇ芽依…
自分の気持ちは
自分で言わないと
伝わらないのよ？
…………
ほら
そうやって
すぐ黙る！
イラッ
聞いてるの
芽依？
いつも誰かに
声かけてもらうの
待ってちゃダメ！
あら？
さくらさん？

こんにちは♪
お買い物？
あ…
綾子先生！
こんにちは
ほら芽依！
ママのパン教室の
先生よ
ごあいさつは？
もじもじ
………
ぷいっ。。。
芽依ったら
ちゃんと
してっ！
もおっ
まあまあ
いいじゃない
さくらさん
芽依ちゃん
はじめまして
パンの先生の
綾子です♡
…パンの
先生？
そうよ♪
ママが
焼いたパン
おいしい？
……うん
芽依っ！
「うん」
じゃなくて
「はい」
でしょ！
おとなの人には
敬語で話してって
言ってるよね？
ねえっ！
ビクッ
ごっ
ごめん
なさい…
えーと

DELI & CAFE
ねえ さくらさん 今ちょっと 時間ある？
えっ
ないことは ないですけど…
カフェ… ですか
ハーブティーが おいしいのよ
絵本コーナーが あるから 芽依ちゃんも 楽しめると 思うわ
KIDS
芽依ちゃん 絵本は好き？
好き…… です…
ほかの子の 邪魔にならない ようにね！
はーい
大変そうね
はー
ええもう 芽依ったら 人見知りで 臆病で… 消極的な大人に なっちゃいそうで 心配です
MENU

芽依ちゃんじゃなくてさくらさんが…よ
えっ？
おいしい…
カフェなんて久しぶり
たまにはゆっくりするのもいいわよね
私…
芽依が興味を持ったことは色々体験させてるんですけど
いいわね
*MENU
でもあの子いつも物怖じして結局何もできなくて…
そうなんだでも積極的じゃないからダメってことはないんじゃない？
芽依ちゃんのいいところを見つけて伝えてあげたらどうかしら
ほめるべきところはほめてますよ

うーん
ほめることも悪くないんだけどそればかりだと副作用があるの
副作用？
でもね「行動の目的」が「ご褒美」になると
ご褒美をくれる人がいないと行動しなくなってしまうの
ほめるって「ご褒美」だからね
ご褒美が副作用？どうして？
評価されたら大人だって嬉しいじゃないですか
たとえば子どもが宿題をするたびにほめ続けたらどうなるかしら？
いい子ね
えらいね
すごい！
立派だよ
さすが！
どうって…
やる気が出るんじゃないですか？
もっとほめられたいから次の宿題も頑張ろーって…
そう──「ほめてもらう」ために宿題をやるようになる
あっ……

ほめられるために行動しているとね
周りの評価を気にしたり失敗を恐れたりするようになるの
そして「ほめられない自分はダメだ」と感じるようになってしまうこともあるのよ
…………
……………
だから〈ほめる〉よりも〈勇気づけ〉をオススメするわ
勇気づけ？
たとえば芽依ちゃんが習い事に行ったらできたかどうかじゃなくてこういうことに注目してみて
・その習い事をやってみようと思ったこと
・授業に参加したこと
・先生の話をよく聞いていたこと
・最後まで授業を受けたこと
ええ〜〜っ!?
こんな…できて当たり前のことばかりに？
そう！当たり前のことに注目することが大事なの
英語教室に興味があるんだ
最後までがんばったね
先生のお話真剣に聞いてたね
よーし！
そうすることで子どもは安心して自信が持てるようになる
それが「勇気づけ」よ

ほかの子は楽しそうなのに
なんでずっと下向いてたの？
積極的に参加しなきゃダメでしょ！
周りの子と同じようにできてなくても大丈夫よ！
子どもには無限の可能性があるんだから
私……
ダメなところばっかり指摘して…
まだ芽が出ていなくても土の中で少しずつ育っているの
信じて見守り続けていれば子どもは自分の力を発揮していくのよ
そしてそれはさくらさんも同じなの
えっ…私？
ママの可能性も無限なのよ
今から少しずつ「勇気づけママ」になっていけばいいってこと

鈴木家
私が叱ってばかりいたから…
私が芽依を追い詰めていたんだわ……
ずーん
まーまーまー
そんなに自分を責めるなよ
それで？その先生は何て？
綾子先生は「これから少しずつ勇気づけママになればいい」って
勇気づけママ？
勇気づけっていうのはね…
へぇーなるほど
確かに芽依はいつも不安そうだもんな
オレもそれできないかな勇気づけ
帰ってきたらいつも芽依寝ちゃってるけど
え？あなたが？
そうねぇ…
おりがみ

翌朝
芽依
朝よ
んー……
はぁい……
ママ
見て！
パパから
お手紙
来てた！
しかも
ハート！
あら～
よかった
じゃない！
芽依へ
パパより
芽依へ
パパはいつでも
芽依をおうえん
しているよ！
ガンバレ!!
パパより
…………
あっ…
あのね
ママ
私
英語教室
通っても
いい…？
えっ!?
行きたく
なってたの!?
(あれで!?)
また芽依だけ
ほかの子より
できないんじゃ…

テーマ2

ママにも必要な勇気づけ

ママ
エプロン
忘れてった
でしょ？
ハイ
芽依…
よく気が
ついたわね
テーブルに
畳んで置いて
あったから
英語教室に
行く途中で
寄ったんだ
助かったわ
ありがとう
芽依！
それじゃ
気をつけて
楽しんで
きてねー
はーい！
行ってきます
英語教室
通うことに
したのね
ええ…
だいぶ慣れて
きたみたい
パタン
私もあれから
続けてるんです
勇気づけ
いいわね♡
芽依も
少しずつ
自分から行動
するように
なってきて
まだまだ
だけど…
忘れ物を
届けてくれる
ようになるなんて
感心だわ～！
芽依ちゃん
すっごく成長
したのね♪

勇気づけを知ることができて本当によかったです♡
親も子どもに教わりながら成長していくのよね
芽依ちゃんもさくらさんも表情が明るくなったわ！
てへっ
ありがとうございます
じつは夫にも同じようなこと言われてて…
へー芽依英語教室行くことにしたんだ？
パパのお手紙のおかげでね♡
さくらも芽依の付き添い何回もお疲れさん
わっ私は別に…親なら当然よ
少しどお？
少し…
当然だと思えることこそ親の愛情だよ
……！
今までイライラしてて怖かったけど最近は笑顔だし
えーっ？そんなに私怖かった？
ぶっちゃけ怖かった☆

でも それだけ 芽依のこと がんばってたん だよな！
なんて 言ってくれて…
ねえ
それって…
勇気づけね！
勇気づけ？ 私に!?
うふっ
勇気づけが 必要なのは 子どもだけじゃ ないのよ
ママにだって パパにだって 必要なの
ダンナ様 さくらさんのことも 勇気づけようと してるんだわ！
いーな！！
大人だって 勇気づけて もらったら がんばれる もんね！
ラブラブ じゃーん！
ステキな ダンナ様 ね～♡
カアアア…
あー えーっと… いい母親に なれるよう がんばります…

ねえ さくらさん 「いい母親」って どんな人？
それは――
んー
誰よりも 子どものことを 理解していて
感情的にならず いつも理性的で
もちろん料理や お裁縫も上手で 家事もバッチリ
かつ 献身的な愛情に 溢れていて…
あと いつも 小ギレイで…
完璧…！ 完璧な 母親像ね！
はっ！
私には 無理だわ…
ガミガミ怒るし 家事もヘタだし
揚げ物は 買ってるし…
私もそんな 立派な親には 到底なれない
家じゃ スッピンで ジャージよ…
ややや
わっ 私も あくまで理想を 並べたまでで…
立派な親になろうと しなくてもいいのよ！
ずーん

立派なママより幸せなママになりましょ♡
幸せなママ？
自分を好きになれないママが子どもに勇気づけなんて無理じゃない？
確かに…
ママの幸せってね
ありのままの今の自分にOKを出せることだと思うの
でもOKしにくい自分もいますよ？
子どもにイラついてる自分とか
掃除が大キライな自分とか…
そんな自分もいいじゃない♪

勇気づけは
できたとか
できないとかを
評価するものじゃ
ないわよね?
やろうとする
姿勢や
過程のほうが
大事なの
それは
ママ自身にも
言えることだから
自分を
責めなくていい
自分を大切に
できない人は
周りの人も
大切にできないわ
だから自分への
勇気づけって
とっても大事なのよ
不完全な自分を
受け入れる勇気
目を閉じて
普段の自分を
思い浮かべてみて

毎日ご飯を作ってるね
たまには怒ってもいいよ
いつも家事お疲れさま
子育て頑張ってるね
弱音吐いていいよ
だんだんよくなってる
勇気づけを練習中なのね
失敗したって大丈夫♡
それでも私…どうしても自分のことを責めちゃうかも
そうしたら〈自分を責める自分〉をただシンプルに認めてみて？「あっ　いま私自分を責めてる」って
そしてそれに気づいたら「そんなに責めなくていいよ」って自分に語りかけて
いっぱい自分を勇気づけて幸せなママになりましょうね♪

芽依っ！
英語教室ばかりがんばっててもダメなの！
学校の宿題もちゃんとやらないと――
………
ああ…やっぱりダメ……
思うより先に勢いで怒っちゃう
芽依のことも自分のことも勇気づけできない…！
どうしてもどうやっても冷静になれない時は
魔法の言葉を思い出してね♡
すー…
まいっか☆

ふふっ
両立できるようになるまでボチボチやろう
とりあえず今日は今日できることをしよっか？
………
…うん！
ガチャッ
ただいま〜☆
じゃ〜ん！
パパ!?おかえりなさーい！
今日は早かったのねぇ
ごはん食べる？
食べる！
たまには芽依が起きてるうちにと思ってね！
芽依！今日は何をしたんだい？
キャーッ
あのね今日は英語の日でね…
これからは自分のこともっと大切にしていこう
自分が幸せならば家族も幸せになる
自分と家族はつながっているんだもんね♪

01

「ほめ」には副作用がある

「ほめること」と「勇気づけ」

自信を持てない子どもが増えています。国立青少年教育振興機構の高校生国際比較調査（平成26年度に高校生を対象として実施。平成27年8月報告）によると、「自分はダメな人間だと思うことがある」という質問に対して、「そう思う」（「とてもそう思う」と「まあそう思う」）と回答したのは、日本では72・5％でした。他国の数字（アメリカ45・1％、中国56・4％、韓国35・2％）と比べてみても、日本の割合が突出して高くなっているのは明らかです。

教員をしていた頃も、同じことを感じていました。自信を持てず周りの目や他者からの評価を気にしている子どもがとても多いのです。

「自信をつけるためには、ほめることが大事」という意見もありますが、私は、**ほめることよりも「勇気づけ」**をオススメします。

子どもをほめることを、否定するわけではありません。3歳くらいまでは「ハイハイができたね。すごい！」、「とってもいい子だね〜」など と、子どものことをたくさんほめることは必要です。でも、**3歳を過ぎたら、「ほめる」だけではなく、「勇気づけ」をしてみましょう。**なぜなら、自分を勇気づけることができるようになれば、他者からほめてもらう必要がなくなるから。それに、**ほめることには副作用がある**のです。

「ほめること」の副作用

「ほめる」とは、何か特別なことができた時に、結果を評価すること。

図11「ほめ」と「勇気づけ」の違い

ほめ 子どもを評価する

勇気づけ 共感的に関わり、姿勢や過程に注目

・えらいね
・すごいね
・お利口さん
・すばらしい
・立派だね
・頑張っているね
・感心だわ
・丁寧な字で書いてるね

「テストで100点をとった」、「留守番ができた」、「試合で勝った」など、何かができた時に「すごいね」、「えらいね」、「立派だね」、「いい子だね」と言葉のご褒美（ほめ）をあげ続けると、どうなるでしょうか。やがて子どもは、言葉のご褒美（ほめ）がほしくて行動する、ということが増えていきます。

かつて教員だった頃、クラスの子どもがゴミを拾った時に「すごいね」とほめ続けていたら、ほかの子どもたちも私の顔色をうかがいながらゴミを拾うようになりました。「先生、ぼくも拾いました！」と賞賛を求めて行動する子どもが増えたのです。さらに子どもたちは、私が見ていない時はゴミを拾わない。つまり、ほめてくれる人がいなければやらなくなってしまったのです。

ほめてはいけないわけではなく、たまにはいいでしょう。でも、そればかりになってしまうと、副作用があるのです。

ほめることの副作用は、次のページにまとめます。

なお、ここでの、「ご褒美（ほめ）」は言葉だけではありません。「次のテストで100点をとったらゲームを買ってあげる」など、何かを達成した時に物のご褒美をあげることも、子どもを罰することについても同じです。何かができない時に叱ったり怒ったり罰を与え続けていると、子どもは「怒られるから

図12「ほめ」の副作用

1 ほめられないとやらなくなる

2 失敗を恐れてチャレンジしなくなる

3 自信をなくしていく

4 指示待ち人間になる

やる」、「叱られるからやらない」というようになっていきます。
アドラー心理学では、子どもをほめたり叱ったり「賞罰」で支配することを勧めません。なぜならアドラー心理学は人と人を常に「よこの関係」で見ているからです（75ページ参照）。上司と部下、親子、教師と生徒など、立場や役割は違っても命の価値は同じ。親も子どもを一人の人間として尊敬・信頼することを大切にするためにも、人をほめたり罰したりすることはせず、「勇気づけ」で関わることが大切なのです。

「勇気づけ」で子どものやる気と自信を育てよう

ここまでにも少しずつご紹介してきましたが、200〜201ページに勇気づけの5つのポイントをまとめます。言葉かけの例もご紹介しますので、ぜひ今日から始めてみませんか？

ちなみに、勇気づけはわかったけど、「子どもがいけないことをしたらどうしたらいいのかな？」、「罰してはいけないのなら叱ってはいけないの？」と疑問をお持ちの方もいるかもしれません。

3歳を過ぎたら勇気づけをしよう！

アドラー心理学では賞罰の子育てを否定しているので、本来は叱ることはありません。が、私は叱る部分があってもよいのではないかと考えています。

叱るポイントはシンプルです。

叱るのは、万引きや他人を傷つけるなど人としてやってはいけないことをした時だけ。

整理整頓ができない、勉強ができないなどは叱る必要はありあません。勇気づけをしながら、心地よくのぞめるようにサポートを続けましょう。

また、叱る時は、ていねいな言葉で、理性的に、きっぱりと伝えます。できるだけ短い時間で、「ここは譲れない」という姿勢が伝わる真剣な顔で、行動についてのみ叱ります。「ダメな子」など、人格を否定しないように注意しましょう。

3 すでに達成できていることに注目する

言葉かけ例

「この部分はとても
いいと思う」
「成長したと思うよ、
この調子♪」

4 失敗も受け入れる

言葉かけ例

「失敗しても大丈夫
だよ」
「残念そうね」
「次はどうすれば
いいだろう?」

5 他の子と比べるのではなく、個人の成長を重視する

言葉かけ例

「この前よりも
進歩しているね」

図13 勇気づけの言葉かけのポイント

*勇気づけとは、言葉かけだけではありません。子どもの話を聴くことや子どもの立場で考えるなどの態度も含まれます。自分ならどんな関わりをされたらうれしいか、元気になるかを考えると、わかりやすいと思います。

1 貢献や協力に注目する

言葉かけ例

「あなたのおかげで助かった」
「協力してくれてうれしい」

2 過程や姿勢を重視する

言葉かけ例

「努力したんだね」
「失敗したけど、がんばっていたよね」

ほかにどんな言葉かけをしたらいいか、詳しくは拙著『アドラー式「言葉かけ」練習帳』(日本能率協会マネジメントセンター)をご覧ください。

02

お母さんにも必要な「勇気づけ」

子育てに正解・不正解はありません

勇気づけの方法について、いろいろお伝えしましたが、子育てには正解も不正解もありません。**100人100通りの子育てがあっていい**と思っています。

でも大切なことは共通していると思います。

怒られてばかりより、勇気づけられたほうが子どもはやる気を出すでしょうし、「子どもには無限の可能性がある」と、子どもの力を信じきることは大事。

でも、お母さん自身が元気でないと、なかなかそう思えないものですよね。

「イライラするな」、「細かいことが気になっちゃうな」と思う時は、体が疲れていたり、寝不足や体調不良のサインだった、ということはありませんか？

子育てや家事、仕事に忙しくしているお母さんは、疲れていることにさえ気づけずにいることもあります。「心身一如」と言うように、体が不調だと心にも不調が表われますし、心が不調だと体に表れたりするものです。

それに、子どもは親の鏡。子どもは、お母さんの心の状態を映し出します。どんなに勇気づけをしていても、お母さんが元気がなかったり、自分に自信を持てずにいては、意味がなくなってしまいます。

ダメ出しばかりしているお母さんでも、子どもはのびのびと心優しくたくましい子に育っていることもありますし、一生懸命ほめたり、勇気づけをしたりしていても、どこか自信がなさそうで「大丈夫かな？」と思うような子もいます。その違いは、**お母さんが、自分を認め自信を持って生きているかどうか。だから、ほめるとか、勇気づけるとか、怒っちゃったとか、勇気くじきしちゃったと、あまり神経質になりすぎなくても大丈夫。**子どもに怒りすぎちゃっても、口うるさく言っちゃっても「そんな時もあるよね」と笑っていればいい。**そして「毎日、私よくやっているよね！」と自分自身を勇気づけてみませんか？**

自分を勇気づけよう

最近自分のことを勇気づけましたか？　人は自分を大切にできないと、他人を大切にできません。**お母さんの心のコップに勇気がないと、子どもの心のコップに勇気をあげることはできないのです。**

ですので、まずは子育てに、家事に、仕事に、毎日がんばる自分を自分で勇気づけましょう。200ページでご紹介した勇気づけを、まずはご自分にやってみてください。

あなたは世界でたった一人しかいない大切な存在です。この世に生まれて命果てるまでずっと一緒にいるのは誰でしょう？　子どもでも夫でも友人でもありません。自分しかいないのです。365日24時間一緒にいる自分の、世界一の応援者、味方でいることが大切だと思いませんか？

人は自分が自分とどう関わるかを基本に、他の人と関わります。

子どもの失敗が許せない人は、自分の失敗が許せない人。つまり、自分の失

天使のささやきをしてふだんの自分を勇気づけましょう。

敗が許せないから、子どもの中に自分の姿を映し出して（投影して）、子どもの失敗を許せないわけです。自分にダメ出しばかりしている人は、子どもにも（夫や部下にも）、ダメ出しばかりするでしょう。

まずは、自分を自分で勇気づけて、心のコップを満たしましょう。それが、勇気づけママへの第一歩です。

↓

「天使のささやき」を続けよう

人は毎日5～6万回のセリフを心の中でつぶやいているそうです。もし、そんなに多くのつぶやきが、悪魔のささやき（勇気くじき）だった

図14 短所を長所に言い換えよう

落ち着きがない	好奇心旺盛、活動的
こだわる	自分の考えを大切にする、向上心がある
消極的	控えめ、周りの人を大切にする
怒りっぽい（泣き虫）	感受性豊か、情熱的、感情を表現できる
のんき	細かいことにこだわらない、マイペース
わがまま	持論がある、自己主張できる
優柔不断	じっくり考える

参考：（有）ヒューマン・ギルド ELMテキスト（非売品）

としたら、自分の心は勇気を失ってやる気も自信もなくなってしまいそうですね。

だからと言って、いつも天使のささやき（勇気づけ）をしなければならないということではありません。大切なのは、**悪魔のささやきが出た時に気づいて、天使のささやきに上書き保存する**ことです。

また、２０５ページを参考に短所を長所に言い換えて（リフレーミングして）みましょう。短所はすべて長所に言い換えられます。自分や人のよさに気づき、きっと心が勇気づけられると思います。

自分を信頼し、勇気づけると子どものことも信頼し、勇気づけることができる

03 立派なママよりも「幸せなママ」になろう

「いいお母さん」になろうとしなくていい

新米教師だった頃、憧れの先輩先生のようになりたくて、ものすごく努力をしていました。でも、先輩のマネをしてみても、うまくいかない。「先輩のように子どもに関わっているのに、もっとうまくやれるはずなのに、こんなにがんばっているのに、どうして……」と、メソメソと弱音を吐いていた時、先輩がこんな言葉をかけてくれました。

「私もね、あなたくらいの時は苦労したのよ。子どもたちを前に、試行錯誤の日々だったわ。私にもそんな時があったけど、子どもたちが私を成長させてくれたの。あなたもきっと、大丈夫！　こんな日々が、涙が出るほど懐かしい時が来るわ。誰かと比べるのではなく、あなただからできることを、全力でやってごらん。子どもたちはとても敏感。大人の気持ちを身体全体で受け止めるのよ」

その時、私は気づきました。必死になってがんばろうと緊張している私の気持ちが子どもたちに伝わってしまっているのかもしれない、と……。

背伸びをしなくていい。理想を持つのは良いけれど、理想が高いと現実の自分とのギャップに苦しくなってしまうから。ハードルを低くして、私も子どもと一緒にゆっくり成長していけばいいのではないか……。

そして、立派な先生を目指すのをやめて、幸せな先生になることを決意したのです。不恰好でも、子どもと一緒に笑い、日々の小さなことにも幸せを感じられる先生になろうと。

子育て中のお母さんも同じだと思うのです。

完璧な人間がこの世に存在しないように、完璧な母親も存在しない。

もしも存在したら、子どもはいつもすごいお母さんと自分を比べて、息苦しくなってしまうのではないでしょうか。

だから、できないことに焦点を当てるよりも、できていることに目を向け、（高すぎる目標ではなく）１・１倍の目標を持ち、今を全力で生きてみませんか？　「全力で」と言っても、何かを一生懸命やることだけではなく、「休むこと」や「たまにはダラダラすること」も含まれます。

「こんな自分でもＯＫ」と、日々の小さな成長を認め、勇気づけましょう。

「いいお母さん」でなくてもいいのです。
まずは、「不完全な自分を受け入れる勇気」を持ちましょう。

家に先生はいらない

もともと整理整頓があまり得意ではなかった私。

お恥ずかしい話、教員時代も自分の机の周りはゴチャゴチャで、プリントの山が雪崩を起こすこともしばしば……。でも、そんな私だからこそ、子どもたちがぐんぐん伸びていった、という経験があります。

ある日、教室に行くと、子どもたち（女の子たち）が何やら私の机の周りにむらがっています。彼女たちは、せっせと私の机上の整頓をしている様子。

「おはよう。どうしたの？」と声をかけると、子どもたちはこう答えました。

「先生、みんなの提出したノートが雪崩になっていましたよ。宿題のプリントもぐちゃぐちゃだしぃ〜。先生、忙しいからね。私たちできれいにしておきました」

なんだか妙に大人っぽく見えた彼女たち。

「ありがとう〜!! 助かるよ」と勇気づけ。

「先生、片付け苦手だけど、整理整頓がんばるね。とっても助かったよ!」と、休み時間、机を整理することにしました。すると、印刷ミスした紙や、余ったプリントが出るわ出るわ……。

そんな私を見た子どもたちが、手伝ってくれました。

すると、なんと!

いつも机の中がごちゃごちゃのAくんも、休み時間に整理を始めたのです。

「Aくん、きれいにしているんだね。先生もがんばるよ! 一緒にやろうね」

そう言うと、Aくんはロッカーの整理も始めました。かわいいですね♪

教師として、リーダーシップが必要な時もあるけれど、子どもにリーダーを任せることで子どもが伸びていくのだと感じた出来事でした。

いつでも親や教師が、子どもを引っ張っていく必要はないのです。

教師も親も、完璧である必要はなく、不完全さを受け入れながら（時にリーダーを交代して）子どもとともに成長していけばよいのです。


「もっとちゃんとしなくちゃ」

「立派な母親にならなきゃ」

そうおっしゃる方もいますが、立派になる必要などはありません。

子どもは自己教育力を持っています（教えるのをやめたら、子どもが伸びたと言っていた先生もいるほどです）。

だから、子どもに教えようとしない。子どもの先生になろうとしない。子どもがすくすく成長するためには、そうやって肩の力を抜くことが大切なのです。

家に先生はいらない！

04

家族のチームワークを高めよう

「お願い」と「話し合い」で自分をラクにしよう

忙しくて、疲れている。だけど、家事はしなければいけない……。そんな時の対処法のひとつとして、「お願い」と「話し合い」の仕方をご紹介します。

仕事や家事でどうしても疲れてしまった時、私は子どもたちにこんなふうにお願いするようにしています。

「ママ今日すごく疲れちゃったの。何かお手伝いをしてもらえると助かるな」

すると、子どもは、「おにぎり、つくるよ！」と言って姉妹でおにぎりをつくってくれたり、「お肉炒めるね」と手伝ってくれたりすることもあれば、「今日は宿題がたくさんあってお手伝いできそうにないの。ごめんね」と断ることもあります。

ポイントは、「お願い」すること。子どもに何かを「させる」のではなくて、子どもがどうするか選択する余地を与えることが大切です。

そしてお互いに何か困っている場合は民主的に話し合いをする**「勇気づけ」のコミュニケーション**をとることも大切。

いつも「よこの関係」で関わっていくと、相手を大切にしながら自分の主張をしたり相手の話を聴いたりする民主的な話し合いが、家庭内でも、外の世界でもできるようになるでしょう。

親子はともに成長するパートナー。親子が、家族のチームの一員として、お互いが相手を大切に考え、自分の気持ちを伝え合い、話し合い、協力し合って幸せに生きていく姿勢が何より大切なのだと思います。

親子の話し合いのポイント

話し合いをうまく進めるにはいくつかのコツがあります。

アドラー心理学には、「クラス会議」という民主的な話し合いの場があります。

クラス会議は、「人生のあらゆる領域——学校、職場、家庭、社会——で成功を収めるために必要不可欠なスキルと態度を教える」ものとして位置づけられています（『クラス会議で子どもが変わる』（ジェーン・ネルセン、リン・ロット、H・ステファングレン著、会沢信彦［訳］ 諸富祥彦［解説］））。簡単にまとめると、生活上の課題を議題として出し、家族全員で解決策を話し合う場のことです。

話し合いのポイントは、次のとおり。

話し合いのポイント

・一人ひとりの意見を大切にすること

「子どもだから……」など、年長者の発言が優先されるというわけではない。

・解決の場であること

誰かを批判したり、犯人を探したりする場ではない。

次のように、家事の分担を家族で話し合って決めることもできます。

母「お母さん、仕事を始めて忙しくなったので、家事を分担してほしいんだけ

どどうかな？」
兄「たとえばどんな家事を手伝ってほしいの？」
母「玄関を掃くのと、食器洗いと、お風呂掃除をたのめるかしら？」
妹「じゃあ、どうやって担当を決める？　みんなどう思う？」
父「じゃんけんをして勝った人から担当したい家事を決めるのはどうかな？」
弟「日ごとに担当を変えるのはどう？」
母「みんな考えてくれてありがとう。いろんな意見が出たから話し合って決めましょう」

同じように、夏休みの旅行先を子どもの意見を聞きながら、話し合うこともできます。しかし、子どもが「ハワイ！」と言っても「予算的にムリ！」となってしまうことも……。予算など条件がある場合は、先に伝えておくといいですね。

話し合いが子どもの力を伸ばす

民主的な話し合いを通して、子どもたちは次のことを学びます。

・困った時は一人で抱え込まず、誰かに相談すればいい
・みんなで考えるといろいろなアイディアが出る
・みんなが一緒に考えてくれるとうれしい
・自分の意見が他の人のためになってうれしい
・誰かの意見が絶対ということはない

大人が一方的に決めるより、みんなで話し合って決めたルールのほうが守られやすいもの。それは、話し合いに参加し、決定する場にみんながいることで、**「自分が決めた」という責任**が生まれるからです。

まだ意見が言えない小さな年齢の子の場合は、「この3つの中から選んでね！」と選択肢の中から選んでもらうこともできます。

小さな頃からこのような話し合いを経験すると、学校で、また社会に出てからも、自分の考えを持ち、意見を言ったり、人の意見を聴いたりできるようになります。

親の負担も減って、子どもたちのやる気、主体性につながる、勇気づけのコミュニケーションの場を、少しずつ増やしていきたいですね。

自分が
幸せならば
家族も
幸せになる
自分と家族は
つながっている
んだもんね♪

家族内での民主的なコミュニケーションが、お子さんのコミュニケーション能力を伸ばします。

綾ズバッ

民主的な話し合いは、子どもが幸せに生きる力を育てる！

05

夫婦間でも大切な勇気づけ

家族を安心基地にしよう

子どもへの、そして自分への勇気づけについて書いてきましたが、夫婦間での勇気づけも大切ですね。

「ありがとう」、「うれしい」、「助かる」などの言葉が、夫婦間でよく交わされていれば、子どもも親の背中から学ぶでしょう。

「子どもは親の言ったようにはならないが、（親が）やったようになる」

このように言われます。

子どもにとって、生まれてはじめて出会うコミュニティが家族です。親の背中を見て、日々さまざまなことを学んでいます。

ぜひ今日からだんなさん（奥さん）にも、勇気づけをしてみましょう。

特別な言葉をかけることだけが、勇気づけではありません。

話を聴くことも、相手が興味のあることに関心を持つのも勇気づけです。

「なかなか時間がない……」という方もいるかもしれませんが、夫婦で話をする時間を持つことも大切ですね。ただ話すだけですっきりすることもありますし、おしゃべりすることが勇気づけになるかもしれません。

「こんなことを言ったらどう思われるだろう」、「どうせ反対される……」、「ダメ出しされるのではないか」と、話したいことを話さないでいるお母さんに出会うこともあります。でも、心を開いてみませんか？　**考えていること、感じていること、相談したいこと、他愛ない話でも、まずは話してみませんか？**

そして、相手の話にも耳を傾けてみましょう。

そうした一つひとつの勇気づけのコミュニケーションの積み重ねが、子どものやる気を伸ばし、自立をサポートすることにつながっていくのです。

夫婦だからこそ、当たり前のことに目を向け合って、勇気づけを続けてみませんか？

特別に何かをすることではなく、お母さん（お父さん）が、そこに「居ること」も勇気づけです。存在することが、勇気づけ——つまり、子どもたちの心の安心基地になるのです。

安心基地とは、心が裸になれる、ありのままの自分でいられる場所。子どもが、「おうちは安心できる場所だな」と思えるためには、まず、お母さんとお父さんがそう思えることが必要です。忙しくても、毎日5分でも夫婦でおしゃべりできる、心がホッとする時間をつくってみませんか？

親の気持ちがゆるめば、子どもの気持ちもゆるみます。リラックスして、安心できた時、人は自分の力を伸ばしていけるのです。おうちで心の充電をして、また外の世界でがんばれる、そんな場をつくれたらステキですね。

子どもが巣立てば残るのは夫婦ふたり！勇気づけで今からよい関係を♡

おわりに

本書をお読みくださりありがとうございました。この本で学んだことをいきなり全部完璧にやってみる必要はありません。まずは「これならできるかな?」というところから、小さな練習をしてみてくださいね。その姿勢がもう、家族への、自分への「愛」だと思うのです。

勇気づけは、「できる」とか「できない」とか結果を見るのではなく、姿勢や過程を見るのでしたね。ということは、この本を読み、やってみようと思ったことだけでも素晴らしいこと! 学んだことを実践しようと行動することは、わが子や家族、周りの人(他者)に貢献することにつながります。

勇気づけの関わりについて書いてきましたが、もちろん、親の理想の子どもに育てるためのものではありません。言うまでもありませんが、勇気づけをすれば子どもが思い通りに動く、ということではなく、勇気づけは「親子が一緒に生きる仲間として、お互いを信頼・尊敬しながら、より幸せに生きていくためのヒント」です。賞罰を使って、子どもを自分の思い通りに支配するのではなく、一人の人間としてサポートすることで、「共同体感覚」の育成を目指しています。共同体感覚とは「自己受容」、「他者信頼」、「他者貢献」のことです。アルフレッド・アドラーは幸せな人の条件として、この3つを挙げています。本書は、共同体感覚を育てるためのヒントを書きました。

私は思春期の頃、心身を壊し、長い間、心療内科に通院し、とても辛い時期を過ごしていました。共同体感覚が育っていなかったのです。

条件付きでしか自分を認められず、自信がなく、生きる希望も持てず、人前で話すことも苦手で、悲観的で病弱で消極的だった私が、今では二千人の前で講演し、人を勇気づける仕事をしているなんて、誰が想像できたでしょう。

私が変われたのは、アドラー心理学に出会い、「過去は関係ない、いつからでも未来に向けて建設的に生きていくことができる（自己決定論）」という言葉に勇気をもらったからです。「人は、死ぬ一日、二日前まで変わることができる」と、アドラーが話したように、常に未来志向で、人の大きな可能性を引き出す勇気を与えてくれました。

アドラー心理学は、近年、教育界のみならず、ビジネス界、医療界などでも注目され、人間関係全般に役立つ奥深い心理学です。

ここに記したことはその一部でしかありませんが、これをきっかけに、まずは自分の半径1メートルのところから勇気づけを実践してみませんか？　小さな一歩でも積み重ねれば、大きな一歩になります。勇気のバトンが少しずつ広がり、優しい世界が広がっていくと思うのです。

この仕事を始めて10年、たくさんのお母さんと出会ってきました。自分の経験も含めて「人には無限の可能性がある」ということを痛感しています。なりたい自分になるには「練習」と「継続」が必要です。ゆったりのんびり六割主義で、「ま、いっか♪」を合言葉に「おけいこ」を続けていきましょう！

この本を書くにあたり、ご尽力くださった（株）日本能率協会マネジメントセンター出版事業本部の柏原里美さん、久保田章子さん、アドラー心理学をご教授くださった岩井俊憲先生、HeartySmileの講座受講者さん、講演先で出会った皆さん、ブログやメルマガの読者さん、そしてこの本をお読みくださったあなたに心から感謝申し上げます。

お母さん、お父さんと子どもたちが愛と勇気で満たされますように。

【著者プロフィール】

原田 綾子（はらだ・あやこ）

勇気づけ親子教育専門家。株式会社 HeartySmile 代表。
1974 年生まれ。埼玉県在住。二女の母。小学校教員時代、子どもを伸ばすには母親自身の心がイキイキしていることが重要だと気づき、教員退職後、「勇気づけ」をベースとした子育て講座、講演活動を開始。関東だけではなく、全国各地に受講生が多数おり、10 年間でのべ 1 万 5 千人以上に勇気づけを伝えている。著書に『アドラー式「言葉かけ」練習帳』（日本能率協会マネジメントセンター）等がある。

・株式会社 HeartySmile ホームページ
 http://heartysmile.jp/
・原田綾子ブログ
 https://ameblo.jp/haraaya0731/
・原田綾子 Facebook
 https://www.facebook.com/ayako.harada.9

編集協力／株式会社トレンド・プロ
作画・カバーイラスト・本文イラスト／森越ハム
シナリオ制作／潮楼奈和

マンガでやさしくわかるアドラー式子育て

2017年11月10日　初版第1刷発行
2018年 2 月20日　　第3刷発行

著　者 —— 原田 綾子

発行者 —— 長谷川 隆
発行所 —— 日本能率協会マネジメントセンター

〒103-6009 東京都中央区日本橋2-7-1 東京日本橋タワー
TEL 03（6362）4339（編集）／ 03（6362）4558（販売）
FAX 03（3272）8128（編集）／ 03（3272）8127（販売）
http://www.jmam.co.jp/

装丁／本文デザインDTP——ホリウチミホ（ニクスインク）
印刷所——広研印刷株式会社
製本所——星野製本株式会社

ISBN 978-4-8207-1976-2 C0037
落丁・乱丁はおとりかえします。
PRINTED IN JAPAN